Impressum

Verantwortlich: Britta Bettendorf
Übersetzung aus dem Schwedischen:
Lena Hoiß
Projektmanagement, Redaktion
und Satz: Silke Schüler
Korrektorat: Asta Machat
Repro: LUDWIG:media
Herstellung: Anna Katavic

Printed in Poland by CGS Printing

Fotografie: Pelle Bergström
Porträtfotografie: Håkan Elofsson und
Daniel von Malmberg
Texte und Rezepte: Martin Nordin und
Victoria Nordström
Layout: Open Studio

Unser komplettes Programm finden Sie unter:

www.christian-verlag.de

In diesem Buch wird aus Gründen der besseren Lesbarkeit das generische Maskulinum verwendet. Weibliche und anderweitige Geschlechteridentitäten werden dabei ausdrücklich mitgemeint, soweit es für die Aussage erforderlich ist.

★★★★★

Sind Sie mit diesem Titel zufrieden? Dann würden wir uns über Ihre Weiterempfehlung freuen. Erzählen Sie es im Freundeskreis, berichten Sie Ihrem Buchhändler oder bewerten Sie bei Onlinekauf. Und wenn Sie Kritik, Korrekturen, Aktualisierungen haben, freuen wir uns über Ihre Nachricht an: Christian Verlag, Postfach 40 02 09, D-80702 München oder per E-Mail an lektorat@verlagshaus.de

Die Deutsche Nationalbibliothek verzeichnet diese Publikation in der Deutschen Nationalbibliografie; detaillierte bibliografische Daten sind im Internet über http://dnb.d-nb.de abrufbar.

Titel der schwedischen Originalausgabe:
KÅLKOKBOK

Die deutschsprachige Übersetzung wird von der Christian Verlag GmbH aufgrund Lizenzvereinbarung mit dem schwedischen Bookmark Verlag, Stockholm, Schweden veröffentlicht.

ISBN: 978-3-95961-907-3

K O H L

73 köstliche Rezepte aus aller Welt.
Von Brokkoli bis Palmkohl

Martin Nordin, Pelle Bergström
und Victoria Nordström

CHRISTIAN

INHALT

OSTEN

SÜDEN

WESTEN

VORWORT
von Richard Hallberg
SKANSTULL, 4. April 2023. Vormittag.

»Gott, habe ich einen Hunger auf Kohl!« ist kein Satz, den man besonders oft hört. Und ist das verwunderlich? Was ist Kohl? Ist eine Kohlrübe überhaupt Kohl? Oder eine Wurzel? Eher ein Gemüsezwischending. Eine hoffnungslose Sorte, die schon immer am Rande der Gemüseabteilung lag und die man höchstens anfasst, wenn der Arm nach einer weiteren vorgewaschenen Salatmischung in einer Plastiktüte greift.

Ich esse selten Kohl, und wenn, dann versteckt er sich als Krautsalat mit Essig und schwarzem Pfeffer hinter dem Pseudonym »Pizzasalat«, weil er in Schweden traditionell zu jeder Pizza serviert wird. Ich stochere darin herum und fülle pflichtbewusst den Teller. Weil er so gut ist? Weil er gesund ist? Nun, nein. Aber um etwas zu tun zu haben, während ich auf meine Vesuvio mit extra Käse warte. Vielleicht auch, um das schlechte Gewissen zu beruhigen, das sich nach jeder Entscheidung, etwas Ungesundes zu essen, einstellt. Aber vor allem, weil es eine Gewohnheit ist. Ein Ritual, das nach Kindheit schmeckt. Aber habe ich jemals gemerkt, dass ich Kohl esse? Das bezweifle ich.

Um diese unausgesprochenen Tatsachen kreisen meine Gedanken. Ich bin auf dem Weg zum Fotografen Pelle Bergström. Denn Pelle wurde offensichtlich bekehrt. Von seinen Freunden Martin Nordin und Victoria Nordström. Es stellt sich heraus, dass sie eine fast krankhafte Besessenheit von Kohl entwickelt haben. Jetzt haben sie Pelle nicht nur in den Wahnsinn hineingezogen, sondern auch gemeinsam ein neues Kochbuch herausgebracht.

AN PELLES KÜCHENTISCH

Ein Kochbuch über Kohl also. Wie seid ihr darauf gekommen?

Martin: Ich hatte mir vorgenommen, eine Low-Carb-Diät zu machen, und fing an, nach einem Ersatz für Kohlenhydrate wie zum Beispiel Pasta zu suchen. Er sollte genauso einfach zuzubereiten und genauso problemlos erhältlich sein und sich ebenso lange halten. Und am allerwichtigsten: Er sollte gesünder sein.

Pelle: Wenn man eine Low-Carb-Diät macht, sollte man also Fleisch und Kohl essen?

Victoria: Die Antwort ist ja, Pelle. Es gibt fast nichts, das so gesund ist und so wenige Kohlenhydrate enthält.

Martin: Die alten klassischen Diäten, die es vor all den modernen gab, basieren auf verschiedenen Varianten der Kohlsuppendiät. Ich habe mich jedenfalls auf die Suche nach Rezepten zum Nachkochen gemacht. Das Erste, was ich entdeckte, war, dass man mit Kohl auf so viele verschiedene Arten arbeiten kann. Man kann ihn anbraten und grillen.

Victoria: Konfieren, schmoren und massieren!

Pelle: Dünsten, kochen und marinieren!

Martin: Aber gleichzeitig gab es in mir ein altes Vorurteil, dass Kohl kein richtiges Essen sei …

YSTAD – November 1985

Der Deckenventilator der Pizzeria Foffos verbreitet die Düfte im Raum. Als würde er diejenigen ärgern wollen, die auf ihre Bestellungen warten, oder die anspornen wollen, die sich noch nicht entschieden haben. An einem Fenstertisch sitzt eine Familie. Alle haben Hunger. Alle außer dem achtjährigen Martin, der sich nach alter Manier bereits am Krautsalat, dem sogenannten Pizzasalat, satt gegessen hat. Für ihn spielt er die Hauptrolle. Die Pizza ist nur Teil des Deals. Nicht einmal, wenn ein Kollege auf Papas Arbeit behauptet, dass »man in Italien mit Weißkohl nur die Schweine mästet«, wird der Appetit des Jungen erschüttert. Seine Worte sollen Martin jedoch für den Rest seines Lebens begleiten. In Form einer rätselhaften Kindheitserinnerung.

Martin: Also bin ich in die Malmöer Stadtbibliothek gegangen, zum Regal mit den Kochbüchern. Zuerst habe ich alle italienischen Bücher herausgesucht, von Kochbüchern für den Hausgebrauch bis hin zu Büchern von Drei-Sterne-Restaurants. In all diesen Büchern fand ich eine Menge Rezepte. Viele fantastische Rezepte.

Pelle: Klasse Zeug, nicht wahr?

Martin: Ja. Und dann wollte ich mir anschauen, wie es in Frankreich aussieht, also habe ich diese Bücher herausgenommen. Und bald hatte ich Bücher aus so ziemlich allen Ländern hervorgekramt. In diesem Moment setzte die Faszination für Kohl so richtig ein. Mir fiel auf, dass es Kohl in quasi allen Küchen dieser Welt gibt. Dass er überall als Grundnahrungsmittel verwendet wird und als billiges Lebensmittel gilt, während die besten Köchinnen und Köche ihn feiern.

Pelle: Und, dass Kohl fast überall wächst. Und dass er sich ungewöhnlich gut lagern lässt. Ein Kopf Weißkohl hält sich ewig.

Victoria: Weißkohl hat Schweden schon mehr als einmal vor einer Hungersnot bewahrt. Eben weil er so gesund ist und sich so gut lagern lässt. Kohl hatte man immer.

Pelle: Er wächst sogar ganz oben in Norrland.

Victoria: Ja, er wächst in der Kälte des Nordens genauso gut wie in der Hitze des Südens. Er ist absolut fantastisch!

Martin: Kohl war schon immer ein unglaublich wichtiges Grundnahrungsmittel in fast allen Kulturen. Es wurde nicht nur früh entdeckt, dass das Gemüse an sich schon sehr gesund ist, sondern es war auch möglich, es auf so viele verschiedene Arten zu verarbeiten, um es länger haltbar zu machen.

Victoria: Es ist kein Zufall, dass Osteuropa und Russland eine ausgeprägte Sauerkrauttradition mit verschiedenen Techniken zum Fermentieren und Einlegen des Kohls entwickelt haben.

Pelle: Kohl ist ein unbesungener Held.

Martin: Aber er wird auch abgelehnt. Kohl wurde schon immer als Arme-Leute-Essen angesehen und war ein wiederkehrender Gast in Politik und Kultur. In der Einleitung des Buches »1984« zum Beispiel riecht es überall nach Kohlsuppe. Bibimbap ist ursprünglich ein Essen der armen Leute.

Pelle: Das der Adel nicht essen durfte!

Victoria: Aber was ist heutzutage angesagter als Bibimbap? Es ist großartig, einst schambehaftetes Gericht, das die Menschen essen mussten, um zu überleben, steht es heute im Rampenlicht unserer Zeit, weil es sowohl so gesund als auch unverschämt lecker ist.

Pelle: Gleichzeitig gibt es den Ausdruck »Du verdammter Kohlkopf« vermutlich in allen Ländern.

Martin: Und Prinz Philip nannte Königin Elisabeth liebevoll »Cabbage«, was vom französischen »mon petit chou« (mein kleiner Kohlkopf) kommen soll.

Victoria: In der Sprache kann Kohl für vieles verwendet werden.

Martin: Entweder im herabsetzenden oder im erhebenden Sinne.

HAMMENHÖG – August 2019

Victoria schiebt ein knusprig angebratenes Spitzkohlblatt nach links, damit es in Kontakt mit einer glänzenden Butterpfütze kommt. Martin dreht ein benutztes Küchenmesser um ein paar Grad und schiebt das Kohlblatt ein Stückchen nach rechts. Pelle kommt in die Küche. Über dem Kopf hält er eine Rispe Weintrauben, die er gerade auf der Terrasse abgeschnitten hat. Bevor die anderen es verhindern können, rollen einige ausgewählte Trauben in die Kohlkomposition.

So geht die Arbeit mit den Bildern vonstatten. Man bewegt sich zwischen dem eigenen Berufsfeld und dem der anderen hin und her. Spontane Einfälle dürfen das Steuer übernehmen, wenn jemand eine Idee hat, die er oder sie ausprobieren möchte, wird sie ausprobiert. Niemand weiß, wann das Bild fertig sein wird, bevor man es sieht. Der freie Arbeitsprozess und die Abwesenheit von Deadlines sind der Grund, weshalb es fünf Jahre gedauert hat, das Buch fertigzustellen. Aber vielleicht liegt es auch daran, dass die Arbeit an sich der Freundesgruppe eine Gelegenheit bietet, Zeit miteinander zu verbringen.

Victoria: Die Bilder sind zuerst gekommen. Und was auf dem Bild zu sehen ist, hat der Zufall entschieden. Einmal hatte Martin Säfstaholm-Kohl aufgetrieben. Dann haben wir eine frisch geerntete Karotte dazugelegt, weil die Farbe im Nachmittagslicht so gut passte. Ein anderes Mal hatte Pelle Weintrauben zu Hause, dann durften die mit dabei sein. Aber das ist auch das Tolle. Das Schöne zu priorisieren. Dann muss man mit den Konsequenzen leben.

Wenn man ein Rezept für ein Bild schreiben muss und dann dasteht und sich fragt: »Verflixt, was war das nochmal?«

Ein paar Mal haben wir versucht, Rezepte zu erzwingen, um einem Kontinent mehr Raum zu geben. Als wir dann jedoch versucht hatten, es bei Pelle zu Hause in Hammenhög nachzukochen, ist er gekommen, hat dir über die Schulter geschaut und gemeint: »Was zur Hölle ist das?« Dann mussten wir diesen Plan einfach aufgeben.

Pelle: Aber du hast doch zu mir gesagt, dass wir uns selbst prüfen und fragen müssen: »Sieht das gut aus?« »Möchtest du das kochen?« Da konnte ich wohl ein bisschen streng werden.

Martin: Die Rezepte in unserem Buch sind über die ganze Welt verteilt. Auch wenn wir uns nicht immer so genau an die Originalrezepte gehalten haben.

Pelle: Ja, oft haben wir uns das angeschaut und gesagt, wir müssen es auf unsere Art machen. Wir machen es so, wie wir es machen können. Wir sind nicht starr gewesen.

Martin: Kala »The Kimchi Queen« hat uns gezeigt, dass man auch in der koreanischen Küche die Dinge nach Belieben variieren kann. Es war sehr inspirierend zu sehen, dass es nicht immer auf eine bestimmte Art sein muss. Dass es genau dieser Kohl und genau dieses Gewürz sein muss.

Martin: Und dabei kamen ja auch schöne Bilder heraus.

Pelle: Wenn die Bilder gut geworden sind, liegt es daran, dass alles gestimmt hat. Denn wenn etwas richtig gut werden soll, müssen Farbe, Form und Inhalt zusammenpassen. Erst, wenn alles in dieselbe Richtung geht, schlägt es ein und wird verdammt gut. Ein schönes Bild reicht nicht. Ein gutes Rezept reicht nicht. Ein guter

Text reicht nicht. Alles muss zusammen funktionieren und einander verstärken. Erst dann wird es spannend und interessant.

BLEKINGEGATAN – Nachmittag

Das Tor fällt hinter mir ins Schloss. Eine unsichere Sonne sucht sich ihren Weg die Straße hinunter und fließt über die verputzte Fassade gegenüber. Ich bin hungrig. Ich nehme allerdings noch etwas anderes wahr. Ich rieche den festsitzenden Duft von gekochtem Weißkohl aus der Küche von Victorias Oma. Ich schmecke den Spitzkohl in Sahnesauce, den Martin liebt. Ich bin neidisch auf Pelles erste Begegnung mit französischen Kohlrouladen, *Chou farci*, bei Aux Charpentiers in Paris im Jahr 1998.

Heute Abend gibt es Kohlsuppe.

KOHL WELTWEIT
15 SORTEN UND IHRE EIGENSCHAFTEN

Die Gattung der Kohlgewächse (Brassica) gehört zur Familie der Kreuzblütler und besteht aus über 100 verschiedenen Arten. Vorfahr aller Kohlsorten ist der Wildkohl, der heutzutage nicht mehr besonders häufig vorkommt. Er wächst noch in Teilen Südeuropas, Nordfrankreich und Großbritannien.

Beim Kochen verwendet man verschiedene Teile des jeweiligen Kohls: die Blätter, die Blüten, den Strunk und die Samen (aus denen man Öl gewinnt). Seit der Steinzeit baut der Mensch Kohl zum Verzehr an. Die Kelten bauten mehrere Kohlarten an, und die Römer entdeckten später noch mehr, unter anderem Weiß- und Blumenkohl.

Wann der Kohl in den europäischen Norden gekommen ist, ist hingegen umstritten, aber vermutlich kam er während der Wikingerzeit aus England.

Eine Sache, die die Kohlsorten gemeinsam haben, ist, dass sie viele Vitamine enthalten, vor allem Vitamin C, A und B sowie Ballaststoffe und Antioxidantien. Da sie oberirdisch wachsen, enthalten sie wenige Kohlenhydrate und wenig Energie. Dennoch sättigen sie gut.

WEISSKOHL

Brassica oleracea Alba-Gruppe

Weißkohl zählt zu den ältesten bekannten Gemüsesorten. Die Blätter mit dichtem Adergeflecht bilden einen kompakten runden Kopf. In der Mitte des Kohlkopfs befindet sich ein festerer Strunk. Frischer Weißkohl (Frühlings- und Sommerkohl) ist zarter und milder als über den Winter eingelagerter (alter) Kohl.

Der Weißkohl stammt aus Südeuropa und wurde bereits im Römischen Reich fleißig angebaut. Da er unglaublich nährstoffreich und einfach zu lagern ist, erwies er sich in Perioden des Hungers als überlebensnotwendig. Er enthält haufenweise Vitamin C und Ballaststoffe.

Wir lieben es, Weißkohl aufgrund seiner frischen und knackigen Struktur für klassischen schwedischen Pizzasalat, Coleslaw oder Sauerkraut zu verwenden. Man kann ihn auch hervorragend grillen, rösten oder schmoren, damit seine herzhaften Aromen zum Vorschein kommen.

ROTKOHL

Brassica oleracea Rubra-Gruppe

Rotkohl ist ebenso wie Weißkohl eine Kohlkopfsorte. Im Hinblick auf das Aussehen ähnelt er dem Weißkohl, ist aber etwas kleiner und hat eine kompaktere Struktur. Geschmacklich ist Rotkohl etwas süßer als Weißkohl und enthält noch mehr Vitamin C. Genau wie der Weißkohl ist auch er knackig und eignet sich, in Streifen geschnitten, für Salate sowie zum Grillen, Rösten oder Schmoren.

SPITZKOHL

Brassica oleracea Conica-Gruppe

Spitzkohl ist eine Weißkohlsorte, aber mit einer spitzeren Form. Er ist zarter in der Struktur und etwas milder im Geschmack. Seine Geschichte deckt sich zeitlich mit der des weißen Kohlkopfs, auch hier waren es die Römer, die ihn ins restliche Europa mitgebracht haben. Es gibt auch eine lila Spitzkohlvariante.

Spitzkohl ist nicht so nährstoffreich wie andere Kohlsorten, enthält aber eine ganze Menge Vitamin C und A sowie Kalzium und Eisen.

Diese Sorte lässt sich schneller zubereiten als gewöhnlicher Weißkohl und eignet sich aus diesem Grund besser zum Dünsten als zum Kochen. Er lässt sich gut anbraten und zu einer sahnigen Suppe verarbeiten oder kann mit der Schnittfläche nach unten gegrillt oder gebraten werden.

WIRSING

Brassica oleracea Sabauda-Gruppe

Wirsing ist eine wahre Schönheit mit seinen großen, ausgebeulten und krausen Blättern. Die äußeren smaragdgrünen Blätter sind oft nach außen gerollt, wie bei einer aufgeblühten Rose. Man nimmt an, dass Wirsing im Mittelalter in der Region Savoy in Ostfrankreich entstanden ist. Er ist äußerst reich an Vitamin C und Betakarotin.

Mit seinem milden und feinen Kohlgeschmack und seinen großen Blättern ist er besonders gut zum Blanchieren und Füllen geeignet, zum Beispiel in Form von Kohlrouladen oder *Chou farci* Wirsing kann auch, geschmort oder in Streifen geschnitten, mit einem guten Dressing serviert werden, oder man kann ihn zu Kohlsuppe verarbeiten, zum Beispiel zu *Caldo verde*.

GRÜNKOHL

Brassica oleracea Sabellica-Gruppe

Grünkohl ist ein hochgewachsener Kohl mit dunkelgrünen, ausgestellten, krausen und spröden Blättern. Er hat einen recht kräftigen, aber trotzdem frischen Kohlgeschmack. Ursprünglich soll er aus der Mittelmeerregion kommen. Grünkohl gedeiht besonders gut in kaltem Klima, kann auch bei Schnee in der Erde bleiben und bei Bedarf geerntet werden. Er schmeckt sogar besser, wenn er Frost abbekommen hat, da dann die Kohlenhydrate in Zucker umgewandelt werden und der Kohl einen runderen Geschmack entwickelt.

Er könnte eine der beliebtesten Kohlsorten sein, vielleicht, weil er so einfach in der Handhabung ist, aber auch, weil er die reinste Gesundheitsbombe ist. Grünkohl strotzt vor fettlöslichen Vitaminen wie Vitamin K, A und E und enthält mehr Vitamin C als Orangen. Er bringt 45 verschiedene Flavonoide und Betakarotin mit und enthält zudem viele Mineralien wie Kalium, Kalzium (mehr als Milch), Eisen und einiges an Omega-3.

Für Salate massieren wir die rohen Kohlblätter mit Öl und Salz oder verarbeiten sie im Ofen zu Grünkohlchips.

SCHWARZKOHL (PALMKOHL)

Brassica oleracea Palmifolia-Gruppe

Schwarzkohl, auch bekannt als Palmkohl, ist eine Kreuzung zwischen Grünkohl und Wirsing. Die dunklen, blaugrünen Blätter wachsen wie Palmblätter an einem Stiel, daher der Name »Palmkohl«. Geschmacklich erinnert er an Wirsing und Spinat, jedoch mit einem ausgeprägteren und charakteristischeren Aroma. Seit dem 18. Jahrhundert wird Schwarzkohl vor allem in der italienischen Region Toskana angebaut und geschätzt. Im Hinblick auf die Nährstoffe verhält es sich ähnlich wie beim Grünkohl, wobei Schwarzkohl noch mehr Betakarotin und Vitamin K enthält.

Schwarzkohl macht sich hervorragend in Suppen wie beispielsweise *ribollita* und Minestrone sowie in Eintöpfen. Man kann die Kohlblätter auch im Ofen zu Chips verarbeiten oder die rohen Blätter für Salate mit Öl einreiben.

BLUMENKOHL

Brassica oleracea Botrytis-Gruppe

Blumenkohl ist eine Weiterentwicklung von Brokkoli. Bei dem Blumenkohlkopf, den wir essen, handelt es sich tatsächlich nur um einen nicht entwickelten Blütenstand. Auch das Grün rund um den Kohlkopf herum kann zubereitet werden. Es gibt auch grüne, orange und lila Blumenkohlsorten. Der Blumenkohl wurde schon vor Tausenden Jahren in Syrien, der Türkei und Ägypten angebaut und verbreitete sich im 16. Jahrhundert in Europa. Er ist reich an Vitamin C und enthält viel Kalium.

Ein ganzer Kohlkopf lässt sich zusammen mit Butter und Gewürzen im Ofen rösten oder mithilfe einer Küchenreibe zu Blumenkohlreis verarbeiten.

BROKKOLI

Brassica oleracea Italica-Gruppe

Anstelle eines einzelnen Blütenstands wie bei Blumenkohl bildet bei Brokkoli jede Pflanze viele grüne Blütenstände aus. Brokkoli entstand etwa 600 v. Chr. aus der primitiven Kohlart Cima di Rapa, die im nördlichen Mittelmeerraum wächst. Diese wurde in Süditalien und Griechenland, wo sie während der Römerzeit gegessen wurde, veredelt. Im 18. Jahrhundert breitete sich der Brokkoli weiter in Richtung Norden aus, erzielte bei uns jedoch erst Mitte der 1950er-Jahre seinen Durchbruch. Er ist sehr reich an Vitamin C, Eisen und Folsäure.

Brokkoli hat einen sehr milden Kohlgeschmack und passt perfekt zu fast allem. Wir bereiten ihn am liebsten zügig bei hohen Temperaturen zu, da er so sein volles Potenzial ausschöpft.

ROMANESCO (BROCCOLO)

Brassica oleracea Broccolo-Gruppe

Romanesco ist ein Hybrid aus Brokkoli und Blumenkohl und wird auch als Broccolo oder Korallenkohl bezeichnet. In Bezug auf die Form erinnert er an Blumenkohl, weist jedoch mit seinen sternförmigen, gelbgrünen Röschen eine noch größere Ähnlichkeit zu Blüten auf.

Zum ersten Mal wird Romanesco im 16. Jahrhundert in Italien erwähnt. Er ist reich an Vitamin C, K und A sowie Zink und wird auf dieselbe Art und Weise wie Blumenkohl oder Brokkoli zubereitet.

ROSENKOHL (BRÜSSELKOHL)

Brassica oleracea Gemmifera-Gruppe

Rosenkohl besteht aus kleinen Blatttrieben, die Mini-Kohlköpfe an einem kräftigen Stamm bilden. Die kleinen Rosenkohlröschen sind wie Weiß- und Rotkohlköpfe aufgebaut. Sie haben einen milden und feinen Geschmack mit einer leicht bitteren Note, die sich abschwächt, wenn der Kohl in kälterem Klima angebaut wird.

Rosenkohl soll in Belgien entstanden sein und wird deshalb auch »Brüsselkohl« genannt, nach der belgischen Hauptstadt. Im Hinblick auf den genauen Zeitpunkt herrschen geteilte Ansichten, manche meinen, es könnte bereits im 13. Jahrhundert gewesen sein.

Essen Sie ihn gerne roh! Einfach die Blätter abzupfen oder die Röschen in feine Streifen schneiden und mit einem Dressing servieren, vorzugsweise mit viel Säure und etwas Süße. Ein anderer Favorit: Den Strunk kreuzförmig einschneiden, die Röschen bei 160 °C frittieren und mit einem Mayonnaise-Dip oder einem süßsauren Dressing servieren.

FLOWER SPROUTS (KALETTES)

Brassica oleracea Rosett-Gruppe

Flower Sprouts sind eine komplett neue Kohlsorte, eine Kreuzung zwischen Rosenkohl und Grünkohl. Im Hinblick auf das Aussehen und die Wuchsform ähnelt diese Sorte dem Rosenkohl, wobei die kompakten Röschen gegen kleine offene Kohlrosetten entlang des Stiels getauscht sind. Die Blätter sind zudem mehr oder weniger kraus, was vermutlich auf den Grünkohl zurückzuführen ist. Der Geschmack ist einzigartig, eine Mischung aus dem milden und feinen Aroma des Rosenkohls und dem leicht süßen und nussigen Geschmack des Grünkohls.

Flower Sprouts sind äußerst vitaminreich, sie enthalten vor allem viel Vitamin B und C. Genau wie Rosenkohl schmecken sie geradezu lächerlich lecker in frittierter und gesalzener Form und mit einem Dip oder süßsaurem Dressing. Für einen Salat kann man die rohen Blätter auch mit etwas Öl massieren.

CHINAKOHL

Brassica rapa Pekinensis-Gruppe

Chinakohl wird auch als Blätterkohl, Pekingkohl, Japankohl oder Selleriekohl bezeichnet und ist eine von vielen Varietäten der Art Ackerkohl. Chinakohl hat lange, hellgrüne Blätter, die sich kräuseln und nach oben hin dunkler werden. Die Blätter bilden einen länglichen Kopf und sind zart mit mildem Kohlgeschmack.

In Asien gehört er zu den geläufigsten Feldfrüchten und ist reich sowohl an Kalzium als auch an Eisen. Seit der Mitte des 20. Jahrhunderts wird er auch in Europa angebaut, vor allem in Österreich und der Schweiz. Er spielt die Hauptrolle in Kimchi, ist aber auch herrlich knackig und gut als Salatblatt geeignet.

SÄFSTAHOLM-KOHL

Brassica oleracea (Alba-Gruppe) ›Säfstaholm‹

Säfstaholm-Kohl hat plattrunde, ziemlich lose zusammenhängende Köpfe, die extrem groß werden können. In Schweden war er im 19. Jahrhundert populär, war jedoch immer seltener anzutreffen, als der Eigenanbau zu Hause abnahm und die maschinelle Ernte festere Kohlköpfe erforderte.

Als 1979 die Nordische Genbank gegründet wurde, schien der Säfstaholm-Kohl komplett verschwunden zu sein. 20 Jahre später gelang es jedoch, an Samen vom Vavilov-Institut in Sankt Petersburg zu kommen; es stellte sich heraus, dass russische Forschende 1952 in Stockholm eine Tüte mit Samen gekauft hatten. Man schaffte es, den Samen Leben einzuhauchen, und die Sorte kann seit dem Jahr 2000 als gerettet angesehen werden.

Säfstaholm-Kohl hat einen süßen und etwas pfeffrigen Geschmack. Er lässt sich, ebenso wie Weißkohl, gut für Salate in Streifen schneiden, schmoren, grillen oder zu Rouladen verarbeiten.

STECKRÜBE

Brassica napus Napobrassica-Gruppe

Steckrüben sind eine Kreuzung zwischen Kohl und Rübe, die im 17. Jahrhundert im damaligen Ostschweden – heute Finnland – aufkam. Man aß sowohl die Wurzelknolle als auch die Blätter, die die ganze Saison über gepflückt werden können. Während des 18. und 19. Jahrhunderts entwickelten sich viele regionale Steckrübensorten, von denen 42 noch in der Nordischen Genbank bewahrt sind.

Die Steckrübe ist eine der Wurzelgemüsesorten, die am meisten Vitamin C enthalten. Roh verzehrt bringt sie einen kräftigen Kohlgeschmack mit, im gekochten Zustand ein leicht süßliches Aroma. Probieren Sie, sie auf Kohlen zu grillen oder sie zusammen mit Ingwer und Chili einzulegen. Konfierte Steckrübe ist eine ausgesprochen leckere Beilage zu vielen Gerichten.

KOHLRABI

Brassica oleracea Gongylodes-Gruppe

Kohlrabi hat sich aus Wildkohl entwickelt. Beim Kochen verwendet man für gewöhnlich den verdickten Teil der Knolle, aber auch die Blätter sind zum Verzehr geeignet.

Kohlrabi ist ebenso wie die Steckrübe eine Mischung aus Kohl und Rübe und wurde in Schweden im Laufe des 18. Jahrhunderts bekannt. Er ist voll mit Vitamin C und Antioxidantien.

Der Geschmack ist mild und erinnert an Blumenkohl. Die hellgrüne oder lila Knolle ist wunderbar knackig und saftig, wenn sie roh gegessen wird. Machen Sie es wie in Italien: Schneiden Sie den Kohlrabi in dünne Scheiben und servieren Sie ihn mit Zitrone, Olivenöl und ein paar Salzflocken. Weil er beim Kochen nicht zu weich wird, ist er perfekt zum Braten bei hohen Temperaturen, zum Überbacken im Ofen, zur Verwendung in Eintöpfen oder zum Kochen und Verzehren mit Butter geeignet.

DIE GESCHICHTE DES KOHLS VON MATTI WIKING LEINO

Kohlgewächse werden oft als Hunde der Pflanzenwelt bezeichnet. Die Unterschiede im Hinblick auf die Größe und das Aussehen zwischen einem Dackel, einer Deutschen Dogge und einem Pudel machen es schwer begreiflich, dass sie tatsächlich ein und derselben Art angehören. Genauso vielfältig sind die Gewächse der Gattung Kohl (Brassica). Hier ist Platz für Ölpflanzen wie Raps, Wurzelgemüse wie die Steckrübe, Gewürze wie schwarzer Senf. Ein Teil, wie Grünkohl und Kohlköpfe, bildet verschiedengeartete, wohlschmeckende Blätter. Andere, wie Brokkoli und Blumenkohl, bilden stattdessen viele und große Blütenknospen. Kohlrabi bekommt eine verdickte Knolle und Rosenkohl eine Menge leckerer Seitentriebe.

Diese Variation innerhalb einer Gruppe Pflanzen, von denen man trotz allem glaubt, dass sie nah miteinander verwandt sind, hat Forschende lange vor Rätsel gestellt. Als Charles Darwin an der Küste Südenglands über seine Evolutionstheorie grübelte, entdeckte er Wildkohl zwischen den Klippen. Evolution wird für gewöhnlich in Zeitspannen von Millionen von Jahren betrachtet, aber Kohl wird erst seit einigen Tausend Jahren angebaut. Konnte sich wirklich ein derart unansehnliches Gewächs wie Wildkohl innerhalb so kurzer Zeit in so viele verschiedene Kohlformen entwickeln?

Kohl hat indes spezielle Eigenschaften, die zu seiner Vielfältigkeit beitragen. Zum einen sind Kohlgewächse selten promiskuitiv. Die Pflanzen lassen sich mithilfe von Bienen und Hummeln, die Pollen von der einen zur anderen Pflanze tragen, leicht kreuzen. Außerdem können die verschiedenen Kohlarten hybridisieren und Bastarde mit neuen Eigenschaften bilden. Zum anderen wissen Menschen schon lange, wie lecker Kohl ist, und haben im Laufe vieler Jahrhunderte Pflanzen ausgewählt, die mehr leckere Blätter, Blütenknospen oder Wurzelknollen produzieren. Genau wie beim Thema Hunde handelt es sich also um eine Kombination aus etwas unkontrollierten Kreuzungen und dem menschlichen Verlangen nach neuen Varianten mit vorteilhaften Eigenschaften, die für den unglaublichen Facettenreichtum des Kohls gesorgt hat.

Ebenso wie viele andere der heute angebauten Gemüsesorten stammt der Kulturkohl aus dem östlichen Mittelmeerraum. Die ursprünglichste Form des Kohls findet man noch immer auf Inseln in der Ägäis, und von diesem ziemlich unansehnlichen und bitteren Gewächs begannen vor mehr als 2500 Jahren griechische Bauern Samen aufzubewahren, von den Exemplaren, die nicht ganz so bitter waren und die größere und zartere Blätter hatten. Theofrastos, ein Lehrjunge von Aristoteles, beschrieb schon 300 v. Chr. die drei geläufigsten Kohlarten: eine Variante mit krausen Blättern, eine mit glatten Blättern und eine, die dem wilden Kohl ähnlicher war. Der Dramatiker Difilos beklagte sich ungefähr zur selben Zeit darüber, dass der Kohl in Ägypten viel zu bitter sei. Er ließ deshalb neue Kohlsamen von der Insel Rhodos für die Aussaat in Alexandria importieren, aber einige Jahre später war der Kohl wieder genauso bitter – der griechische süße Kohl hatte sich mit dem ägyptischen bitteren gekreuzt.

In den Bergen des Hindukusch im heutigen Afghanistan waren Rüben schon lange bekannt, bevor die Griechen damit begannen, Kohl anzubauen. Rüben sind genauso vielfältig wie Kohl, und sie umfassten Varianten, die große Knollen bildeten, aber auch solche, die zarte Blätter oder leckere Blütenknospen mitbrachten. Vom Hindukusch aus breiteten sich die verschiedenen Rübensorten aus, zum Teil in Richtung Osten, wo sie zur Entstehung aller möglicher asiatischer Kohlarten führten, die sowohl Wurzel- als auch Blattgemüse einschlossen, zum Teil in Richtung Westen auf gewundenen Handelswegen nach Europa.

Im Römischen Reich nahm man sowohl den griechischen Kohl als auch die asiatische Rübe herzlich auf. »Kohl übertrifft alle anderen Gemüsesorten«, ruft Cato in seinem großen Landwirtschaftswerk »De agri cultura« aus und meint auch, dass ein gesteigerter Kohlkonsum viele, wenn nicht alle Krankheiten heilen könne. Nicht selten begann eine römische Mahlzeit mit einem Kohlgericht. Der Kohl wurde schonend gekocht oder gedünstet und dann mit Öl, Essig, Salz und Kräutern abgeschmeckt. Dünne Kohlscheiben wurden getrocknet, oder der Kohl wurde in Wein eingelegt. Es gab auch die Vorstellung, dass man mit viel Kohl im Bauch weniger schnell betrunken würde.

Plinius der Ältere beschreibt im ersten Jahrhundert unserer Zeitrechnung Kohlkopfsorten und Brokkoli über die vielen Blattkohlformen hinaus, die bereits fleißig angebaut wurden. Außerdem baute man Rüben in großer Zahl an. Die Römer fanden Kohl so unentbehrlich, dass sie Pflanzen und Samen in die immer größeren Gebiete, die das Römische Reich umfassen sollte, mitnahmen. Bei archäologischen Ausgrabungen römischer Militäranlagen in Großbritannien fand man sowohl erhaltene Kohl- als auch Rübensamen. Mit der Zeit schien sich der Kohlanbau auch in die englischen Städte verbreitet zu haben, und dort blieb er auch.

Welchen Weg der Kohl nach Schweden genommen hat, ist unklar, aber eine Vermutung ist, dass er durch Handelsreisende Einzug erhielt, die mit den Züchtungen in Kontakt gekommen waren, die die Römer initiiert hatten. Der Kohlanbau scheint sich im europäischen Norden in der späteren Eisenzeit etabliert zu haben. Ausgrabungen in Mittelalterstädten deuten darauf hin, dass Kohl dort einen wesentlichen Teil des nicht landwirtschaftlichen Anbaus ausmachte. In den Städten waren sowohl Arbeitskräfte als auch Dünger verfügbar, was unerlässlich war für den erfolgreichen Anbau von Kohl.

Die Rolle, die der Kohl in den Gärten übernehmen sollte, spiegelt sich auch im Sprachgebrauch wider, wo sich das Wort »Kohl« auch auf Blätter von anderen essbaren Pflanzen beziehen kann, und sich der Begriff »Kohlgarten» auch ganz allgemein auf Land beziehen kann, auf dem nicht landwirtschaftlich angebaut wird. Kohl war wertvoll, und die mittelalterlichen Gesetzestexte legen schwere Strafen für denjenigen fest, der den Kohl eines anderen klaut. Magnus Erikssons Landrecht, das in den 1350er-Jahren in Kraft trat, hält fest, dass derjenige, der auf frischer Tat beim Diebstahl von Zwiebeln, Kräutern oder Kohl in einem fremden Garten ertappt wird, drei Mark Strafe zahlen muss.

Zu Zeiten Gustav Vasas im 16. Jahrhundert wurden Hunderte Gärten in Eigenregie des Königs geschaffen, eine Art Musterlandwirtschaft. Die gründlich geführten Bücher vieler dieser Gärten sind bis heute überliefert. Zwischen endlosen Seiten über Salz und Silber, Wurst und Rinder, finden sich auch viele Notizen zum Kohl- und Rübenanbau. Die Kohlgärten wurden damals ausschließlich für den Anbau desselben genutzt, und aus den Büchern wird deutlich, dass es um ein und dieselbe Art geht und es sich nicht um eine Sammelbezeichnung für mehrere verschiedene Blattpflanzen handelt. Auf welche Kohlsorte man sich genau bezieht, geht daraus jedoch nicht hervor. Da über Kohlkopfsorten gesondert berichtet wird und manchmal darüber, dass sie im Kräutergarten angebaut wurden, ist es am wahrscheinlichsten, dass sich die Angaben auf eine Art Blattkohl beziehen, am ehesten vergleichbar mit dem heutigen Grünkohl oder Riesenschleierkraut. Blattkohl und Kohlköpfe wurden genauso wie Rüben durch Salzen (Sauerkraut) konserviert, die Bücher verweisen auf die großen Mengen Salz und auf besondere Kohlfässer, die dafür benötigt wurden.

Ein Kohlgewächs, das in der schwedischen Gartenlandschaft noch fehlte, war allerdings die Steckrübe. Im Unterschied zum Kohl und zur Rübe hat die Steckrübe keinen wilden Ursprung. Sie entstand als Hybrid zwischen gezüchtetem Kohl und Rübe. Wann und wo genau das Hybrid zum ersten Mal das Licht der Welt erblickte, werden wir nie erfahren, aber wahrscheinlich entstand die Steckrübe spontan im Kohlgarten eines Bauern in Finnland oder der historischen Provinz Ingermanland, wo die »Elternarten« irgendwann im 16. oder 17. Jahrhundert gleichzeitig angebaut wurden.

Bereits in der ersten Hälfte des 18. Jahrhunderts gilt die Steckrübe als etabliert in nordeuropäischen Kohlgärten. Vieles deutet deshalb darauf hin, dass diese nicht im landwirtschaftlichen Rahmen angebaute Pflanze im Unterschied zu vielen anderen ihre anfängliche Verbreitung bei den Bauern im ländlichen Raum fand und nicht zuerst von höheren Schichten in deren Gärten angebaut wurde. Die Steckrübe erinnerte an die schon seit Langem angebaute Rübe, brachte jedoch mehr Ertrag und war außerdem weniger anspruchsvoll in der Lagerung. Sie wurde als hochwertiger und schmackhafter als die Rübe angesehen und selbst das Grün kam zum Einsatz, manchmal als Tierfutter, aber manchmal auch als Essen in Form von Kohlsuppe oder Haferbrei mit Kohl.

Von Finnland und Schweden aus breitete sich die Steckrübe auf der Welt aus und bekam Namen, die ihre geografische Heimat widerspiegeln. Daher heißt die Steckrübe im Englischen »swede«, auf Deutsch auch »Schwedische Rübe« und auf Französisch »chou suédois«. In Amerika ist die Steckrübe hingegen als »rotabaga« bekannt geworden, ein Lehnwort aus dem Dialekt der schwedischen Provinz Västra Götaland für Steckrübe: »rotabagge«.

Kohl, Steckrüben und Rüben blieben auch in den folgenden Jahrhunderten die wichtigsten nicht landwirtschaftlich kultivierten Pflanzen. In Süd- und Westschweden baute der Bauernstand vor allem Grünkohl – manchmal auch Blaukohl genannt – in verschiedenen Varianten an: krause und glatte, blaue und grüne. In Mittel- und Ostschweden waren Kopfkohl – auch Weißkohl genannt – und Steckrüben gebräuchlicher. Kopfkohl und Steckrüben konnten frisch oder in Form von Sauerkraut über den Winter eingelagert werden, während Grünkohl den Vorteil hatte, dass er länger auf dem Feld stehen bleiben konnte. Kopfkohl wurde bis ins 20. Jahrhundert hinein von der Landbevölkerung als Festessen angesehen. Bis ins 19. Jahrhundert hinein machten vor allem Grün- und Kopfkohl den Kohlanbau auf dem Land und im städtischen Raum aus. Auf den Gutshöfen wurden indes auch andere Kohlsorten angebaut. Nicht zuletzt Blumenkohl – eine richtige Statuspflanze –, der von den Gärtnern eine geschickte Handhabung forderte. Mit der Zeit erhielten auch Kohlrabi, Wirsing, Rosenkohl und Brokkoli Einzug in die schwedischen Gärten und Küchen.

Zu Beginn des 20. Jahrhunderts wuchsen die Städte in Schweden explosionsartig an und die Stadtbevölkerung, die weiterhin ihren Kohl essen wollte, aber keinen eigenen mehr anbauen konnte, bildete einen neuen Markt. Um die großen Städte herum wuchsen deshalb Vororte mit Gärtnereien, die die Stadtbevölkerung mit allerhand Gemüse versorgen konnten. Darunter Kohl.

In Hässelby und Tungelsta außerhalb Stockholms, auf Hisingen in Göteborg und in Kvarnby außerhalb Malmös standen Gewächshäuser und endlose Reihen mit Frühbeeten, um die Stadtbewohnerinnen und -bewohner mit frischem Gemüse versorgen zu können. Die Gärtnereien übernahmen in vielerlei Hinsicht die Rolle, die zuvor die Gärtner auf den Gutshöfen innegehabt hatten, und sie waren von großem handwerklichem Geschick geprägt. In Warmbeeten konnten die Kohlköpfe und Radieschen zeitig im Frühling vorgezogen werden, Blumenkohl, Kopfkohl und Brokkoli wurden den ganzen Sommer über geliefert und Rosenkohl sowie Grünkohl bis weit in den Winter hinein.

Eine parallele und dazu im Kontrast stehende Entwicklung war, dass Kohl nach Tausenden Jahren als Gartenpflanze nun auch auf dem Acker angebaut wurde. Das Bearbeiten der Erde konnte mit von Traktoren gezogenen Gerätschaften erledigt werden, und auch die Einsaat und die Ernte liefen in immer größerem Maße mechanisch ab. Man fertigte Maschinen, die die Kohlköpfe auf dem Feld abschneiden konnten und sie über Förderbänder in die Kisten brachten, in denen sie über den Winter eingelagert werden sollten. Diese Kisten stellte man dann in klimatisierte Gebäude. Auch die Verwendung von Kohl veränderte sich. Er fand seinen Weg in die Welt der Halbfertig- und Fertigprodukte. Das Unternehmen Dafgårds außerhalb von Lidköping gehörte zu den Pionieren, deren erster richtiger Verkaufsschlager waren fertige Kohlrouladen, und in Skåne ließen sich die Unternehmen Findus und Felix neue Produkte einfallen wie tiefgefrorenen Rosenkohl, Rotkohl in der Dose und Steckrübenpüree in Pulverform.

Diese neue Art des Anbaus und der Verwendung erforderte Kohlsorten, die eine zweckmäßigere Handhabung aushielten. 1938 arbeitete die schwedische Standardisierungskommission einen »Provisorischen schwedischen Standard« aus mit Vorschlägen, wie Gemüse sortiert und abgepackt werden sollte. Daraus ging unter anderem hervor, dass die Produkte »frisch geerntet, sauber, gesund, fest und formschön« sein sollen und einen »angemessenen Entwicklungsgrad« erfüllen sollen, um »dem vorgesehenen Transport und der Verkaufszeit standzuhalten«. Saatguthersteller in Hammenhög und Landskrona nahmen sich der Aufgabe an und begannen, neue Kohlsorten für die Gesellschaft der Zukunft zu produzieren. Typische Eigenschaften, die die neuen, veredelten Sorten mitbrachten, waren unter anderem die Einheitlichkeit innerhalb der Sorte, die dafür sorgte, dass die gesamte Ernte gleichzeitig reif war, sowie die Widerstandsfähigkeit im Hinblick auf die maschinelle Handhabung, die Lagerung und den Transport. Dieses Ziel ließ sich zum Beispiel mit Brokkolipflanzen erreichen, die einen einzigen großen Kopf anstelle von Seitentrieben bildeten, oder durch Weißkohlköpfe, die besonders kompakt waren. Ob andere Eigenschaften auf dem Weg verloren gingen, zum Beispiel der Geschmack, ist eine andere Geschichte.

Die geschäftigen Pflanzenzüchter in Skåne gingen sogar so weit, komplett neue Kohlarten zu züchten. Weißkohl wurde mit Rosenkohl und Blumenkohl gekreuzt, wodurch die merkwürdigsten Kohlbastarde entstanden: lange, dünne Stiele mit einem kleinen Kohlkopf an der Spitze und Weißkohlköpfe mit einem Blumenkohl in der Mitte. Leider lohnte es sich nicht sonderlich, diese Pflanzen anzubauen. Die bunte Kohlfamilie ließ sich nicht immer in die gewünschte Richtung lenken.

Derjenige, der schließlich die verworrenen Familienverhältnisse der Kohlgewächse entwirren konnte, war der koreanisch-japanische Forscher Woo Jang-choon. Woo wuchs Anfang des 20. Jahrhunderts in Japan auf. Als Sohn eines koreanischen Vaters und einer japanischen Mutter musste er hart gegen die Diskriminierung in der japanischen nationalistischen Gesellschaft ankämpfen. Er verlor früh seinen Vater und verbrachte einen Teil seiner Kindheit in einem Kloster. Allen Widrigkeiten zum Trotz gelang es Woo, einer akademischen Karriere nachzugehen, er wurde Forscher und Dozent im Bereich Landwirtschaftsbotanik an der Universität in Tokio. Woo hatte zwei wahrhaftige Leidenschaften in seinem Leben: Kohl und Blumen. Nach jahrelanger Arbeit gelang es ihm, die erste doppelblütige Petunie zu erzeugen, was für großes internationales Aufsehen sorgte. Seine Arbeit zu Kohlgewächsen hat auf ewig seinen Namen in die wissenschaftliche Literatur geritzt.

Woo studierte die Chromosomen in den sechs verschiedenen Kohlgewächsen Schwarzer Senf, Brauner Senf, Rübe, Steckrübe, Kohl und Äthiopischer Senf und entdeckte, dass drei der Arten doppelt so viele Chromosomen hatten wie die anderen, sogenannte Tetraploide. Außerdem konnte er sehen, welche Chromosomen sich in den verschiedenen Arten glichen. Um seine Hypothese zu beweisen, begann Woo, verschiedene Kohlsorten miteinander zu kreuzen. Am Ende konnte er ein Modell in Form eines Dreiecks formulieren. In den Ecken befanden sich die Grundarten mit den einfachen Chromosomensätzen: Kohl, Schwarzer Senf und Rübe. Zwischen den Ecken befanden sich die Arten, die entstanden waren, wenn die Grundarten gekreuzt wurden. Kohl gekreuzt mit Schwarzem Senf war zu Äthiopischem Senf geworden, der Schwarze Senf gekreuzt mit der Rübe zu Braunem Senf, und die Rübe gekreuzt mit Kohl war zur Steckrübe geworden. Woo publizierte 1935 seinen Artikel im »Japanese Journal of Botany«, aber die Behörden, die erkannten, welche Aufmerksamkeit Woos Forschung auf sich ziehen würde, zwangen ihn dazu, ihn unter einem japanischen Titel zu veröffentlichen: »Nagaharu U«. Woos Modell zu den Verwandtschaftsbeziehungen zwischen den Kohlgewächsen ist aus diesem Grunde bekannt und wurde unendliche Male wiedergegeben als »The Triangle of U«.

Nach dem Krieg zog Woo nach Korea und engagierte sich den Rest seines Lebens für den Wiederaufbau der Landwirtschaft in dem vom Krieg verwüsteten Land. Er war besonders aktiv in der Produktion von Kohlsamen, da Kohl zu den Hauptprodukten der koreanischen Landwirtschaft zählt. Er führte zudem bis zu seinem Tod im Jahr 1959 seine Petunienzucht fort.

Woos Dreieck wurde später mithilfe von DNA-Studien belegt. Die Forschenden haben jedoch auch versucht, das Dreiecksmodell auf die nächste Ebene zu heben – ein Tetraeder. Durch Kreuzen aller drei Grundarten brachte man eine hexaploide Art zustande: einen Superkohl! Im Unterschied zu den Kohlarten in Woos Dreieck kommt ein solcher Kohl nicht natürlich vor, sondern muss durch synthetische Kreuzungen erzeugt werden, zum Beispiel durch eine Kreuzung zwischen Steckrübe und Schwarzem Senf. Nahezu alle derartigen Kreuzungen missglückten, aber in den 2010er-Jahren gelang es mehreren Forschenden allen Widrigkeiten zum Trotz, die neue Art zu erzeugen. Welche Eigenschaften die neue Kohlart haben wird, bleibt abzuwarten. Jahre voller Selektion und Veredelung erwarten uns, bevor der Kohl aus der Mitte des Dreiecks in der Gemüseauslage liegt.

IM NÖRDLICHEN TEIL EUROPAS FINDET MAN EINE VIELZAHL AN VERSCHIEDENEN KOHLSORTEN, OFT FERMENTIERT ODER MIT SAHNIGEN SAUCEN KOMBINIERT.

NORDEN

EINTOPF MIT SCHAFFLEISCH UND WEISSKOHL

Für 4 Portionen

800 g Schaf- oder Lammfleisch
1 Lorbeerblatt
1 Bund frischer Thymian
10 weiße Pfefferkörner
Salz und schwarzer Pfeffer aus der Mühle
1 kleiner Kopf Weißkohl (400 g)
2 Zwiebeln
2 Knoblauchzehen
2 EL Olivenöl
300 ml trockener Weißwein

Zum Servieren
gekochte Kartoffeln
1 Bund Frühlingszwiebeln, gegrillt
glatte Petersilie, gehackt
Senf

1. Das Fleisch in 2–3 cm große Würfel schneiden. Mit kaltem Wasser bedecken und aufkochen lassen. 5 Minuten köcheln lassen. Das Fleisch abspülen, den Topf ausspülen und mit frischem Wasser füllen. Das Fleisch, das Lorbeerblatt, den Thymian und die Pfefferkörner hineingeben. Mit Wasser bedecken.

2. Bei geringer Temperatur köcheln lassen, bis das Fleisch weich ist – abhängig von der gewählten Fleischsorte etwa 40 Minuten. Den Schaum abschöpfen und nach Geschmack mit Salz und Pfeffer würzen.

3. Den Weißkohl in Scheiben schneiden. Die Zwiebeln und den Knoblauch abziehen und fein hacken. Die Kohlscheiben behutsam in einer Pfanne anbraten, sie sollen auf beiden Seiten Farbe bekommen. Im Anschluss auf eine Servierplatte legen. Dann die Zwiebeln und den Knoblauch einige Minuten in Olivenöl anschwitzen. Den Wein hinzufügen und auf die Hälfte reduzieren lassen. Danach in den Topf mit dem gekochten Fleisch umfüllen.

4. Die Kohlscheiben wie einen Deckel auf dem Fleisch platzieren und alles zusammen 25 Minuten köcheln lassen.

5. Mit Salz und Pfeffer abschmecken. Mit gekochten Kartoffeln, gegrillten Frühlingszwiebeln, gehackter Petersilie und Senf servieren.

ZWEIERLEI IN BUTTER GEBRATENER KOHL MIT IN WHISKEY EINGELEGTEM SENF

Für 4 Portionen, als Beilage

Für die eingelegten Senfkörner
4 EL Senfkörner, gerne eine Mischung
aus gelben und braunen
100 ml Apfelessig
90 g Rohrzucker
3 EL Whiskey
1 TL Salz

100 ml geklärte Butter
400 g Spitzkohl
400 g Blattkohl
2 feste säuerliche Äpfel
Salz
Abrieb von 1 unbehandelten Zitrone
frische Kräuter und essbare Blüten

1. Für die eingelegten Senfkörner leicht gesalzenes Wasser aufkochen und die Senfkörner hineingeben. Die Temperatur verringern und 40–60 Minuten köcheln lassen, bis die Senfkörner weich sind. Die Flüssigkeit abgießen. Den Essig mit dem Zucker, 100 ml Wasser, dem Whiskey und dem Salz aufkochen. Die vorgekochten Senfkörner hinzufügen und umrühren, bis sich der Zucker vollständig aufgelöst hat. Den Topf vom Herd nehmen und abkühlen lassen. Alles in ein steriles Schraubglas füllen und im Kühlschrank aufbewahren.

2. Die geklärte Butter in einer Pfanne bei mittlerer Temperatur erhitzen. Die Kohlblätter in kleinere Stücke reißen und die Äpfel in dünne Scheiben schneiden. Alles in die Pfanne geben und behutsam umrühren. Etwa 10 Minuten sautieren, bis alles weich ist. Mit Salz abschmecken.

3. Auf einem Servierteller anrichten und mit der noch in der Pfanne befindlichen Butter beträufeln. Den Kohl mit Zitronenabrieb bestreuen und mit den eingelegten Senfkörnern, frischen Kräutern und essbaren Blüten garnieren.

LILA BLUMENKOHL MIT IN BUTTER GEBRATENEN WEINTRAUBEN

Es war ein Spätsommerabend in Pelles Sommerhaus in Österlen, wir planten die Fotosession für den nächsten Tag, streunten planlos im Garten herum und schauten uns Kräuter und Gemüsesorten an, die wir verwenden wollten. Pelle pflückte eine Rispe Weintrauben: »Die musst du probieren, mit denen müssen wir irgendetwas machen, jetzt sind sie perfekt …« Da musste ich an die hübschen Blumenkohlröschen denken, die wir im Laufe des Tages von Johan vom Bokeslund-Hof bekommen hatten. Die sollten gut zu den Trauben passen, mit Butter, einer Prise Chili und frischen *shiso*-Blättern. Wir gingen sofort rein und probierten es aus. Daumen hoch von allen, also schleuderten wir einen Teller unter die Kamera, kurz bevor sich das Tageslicht verabschiedete. /Martin

Für 4 Portionen, als Beilage oder Vorspeise

4 EL Butter
600 g Blumenkohl- oder Brokkoliröschen
10 g getrocknete Bird's Eye-Chilischoten
200 g Weintrauben
1 TL Rohrzucker
Salzflocken
shiso-Blätter

1. Die Butter in einer heißen Pfanne zerlassen. Wenn sie aufhört, zu brutzeln und zu blubbern, die Blumenkohl- oder Brokkoliröschen hinzufügen und goldbraun und knusprig braten.

2. Die Temperatur reduzieren und die Chilischoten sowie die Weintrauben und den Zucker hineingeben. 5 Minuten sautieren, dabei vorsichtig umrühren. Mit Salz abschmecken.

3. Auf jedem Teller einige *shiso*-Blätter anrichten. Jeweils ein Blumenkohl- oder Brokkoliröschen und ein paar Weintrauben darauf platzieren. Zuletzt mit der Chilibutter aus der Pfanne beträufeln.

SCHWEDENS LECKERSTER KOHLKOPF BEKOMMT EIN ZWEITES LEBEN

Der Bio-Bauer Johan Widing bietet Inspiration zu vielen Dingen – vom Imkern bis hin zu nachhaltiger Zucht. Er betreibt den Bokeslund-Hof in Skåne, und hier findet man, dass Essen wichtig ist und vor allem verantwortungsvoll produziert werden sollte.

»Für uns bedeutet ›ökologisch‹, dass wir das gewisse Quäntchen zusätzlich machen, damit unsere Tiere es so gut wie möglich haben. Das kann sein, dass die Hühner unter den Büschen nach Würmern scharren dürfen oder dass die Kälber so lange wie möglich bei ihren Müttern bleiben. Und im Gemüsegarten arbeiten wir vor allem mit alten schwedischen Sorten.«

Eine dieser alten schwedischen Sorten, die auf dem Hof angebaut werden, ist der Säfstaholm-Kohl, der einzige noch existierende Weißkohl schwedischen Ursprungs. Der Bokeslund-Hof kam das erste Mal über Matti Wiking Leino mit der Sorte in Kontakt, als der während des Jahrestreffens der Steckrüben-Akademie eine Verkostung arrangierte.

»Der Kohl wurde roh serviert, um wirklich seinen Geschmack wahrnehmen zu können. Säfstaholm-Kohl ist so knackig, er bringt einen milden Kohlgeschmack mit und hat gleichzeitig eine lecker pfeffrige Note an sich«, sagt Johan. »Ein bisschen, als würde man Weißkohl mit blühendem Rucola mischen. Ich dachte sofort, dass das die leckerste Kohlkopfsorte ist, die ich jemals probiert habe.«

Die Verkostung machte Lust auf mehr, und sie beschlossen direkt zu versuchen, die Kohlsorte selbst anzubauen. Sie begannen damit, mit Saatgut eine umfangreiche erste Runde zu kultivieren, damit der Kohl an weitere interessierte Züchterinnen und Züchter weiterverbreitet werden könnte.

»Wir haben ein paar Beete in unserem Garten angelegt, mit etwa 800 Pflanzen, und die besten und sortentypischsten ausgewählt. Das wurden Mutterpflanzen, die überwintern durften, um im folgenden Jahr zu blühen. Der Gedanke dahinter war, die Samen von so vielen Mutterpflanzen wie möglich zu bekommen, um auf diese Weise eine große genetische Bandbreite zu erzielen.«

Nach der umfassenden »Rettungsaktion« war es möglich, Saatgut via unserer Steckrüben-Akademie zu kaufen und den Kohl selbst anzubauen.

»Ich hoffe, dass mehr Züchterinnen und Züchter ein Teil der Geschichte sein und dabei helfen wollen, den Säfstaholm-Kohl zu bewahren, indem sie das Saatgut aussähen und es selbst weiterverbreiten«, sagt Johan.

Tipp: Probieren Sie gerne auch ältere Kohlrübensorten aus, wie zum Beispiel Klint Karin oder Vintjärn. Steckrüben mit weißem Fleisch sind frischer und knackiger, sowohl im Geschmack als auch in der Textur. Sie erinnern fast an Äpfel und werden vorzugsweise roh gegessen.

Johan Widing,
Bio-Bauer

»Der Kohl wurde roh serviert, um wirklich seinen Geschmack wahrnehmen zu können. Säfstaholm-Kohl ist so knackig, er bringt einen milden Kohlgeschmack mit und hat gleichzeitig eine lecker pfeffrige Note an sich. Ein bisschen, als würde man Weißkohl mit blühendem Rucola mischen. Ich dachte sofort, dass das die leckerste Kohlkopfsorte ist, die ich jemals probiert habe.«

S. S. 42.

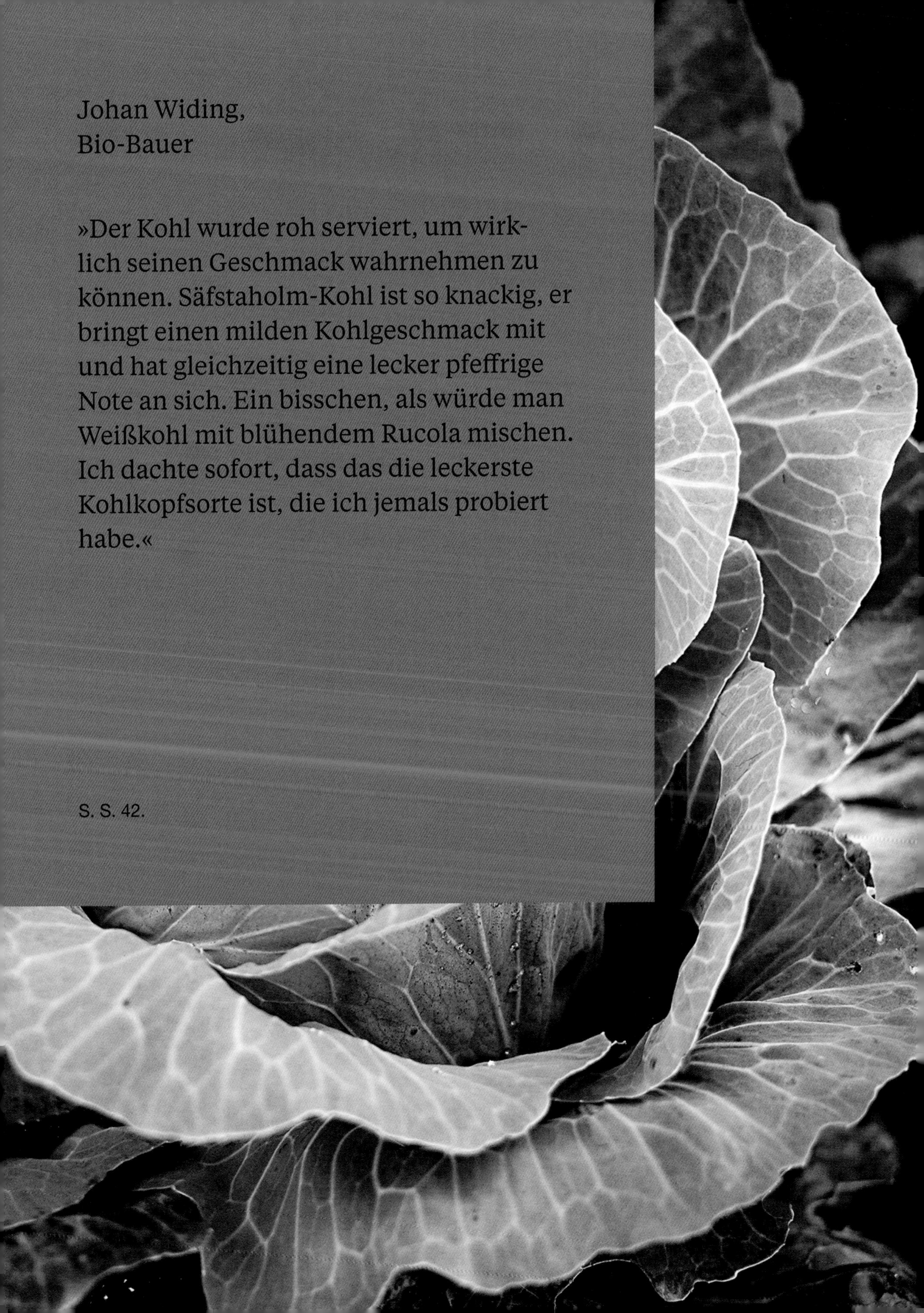

GESCHMORTER SÄFSTAHOLM-KOHL MIT PERLZWIEBELN UND ZIEGENKÄSESAUCE

Für 4 Portionen

2 große oder 4 kleine Köpfe Säfstaholm-Kohl (alternativ Spitzkohl)
8 Perlzwiebeln
2 EL Olivenöl + mehr zum Beträufeln
4 Knoblauchzehen, ganz und leicht zerdrückt
2 EL Butter
Salz
400 ml Gemüsefond
5 Blätter Liebstöckel (alternativ Staudenselleriebätter)
5 Stiele frischer Oregano
100 g flüssige Sahne
100 ml Milch
1 Prise Muskatnuss
100 g Ziegenhartkäse
½ TL Tafelessig (10 %)
weißer Pfeffer aus der Mühle

1. Den Backofen auf 175 °C (Ober-/Unterhitze) vorheizen.

2. Den Kohl von den grünen Außenblättern befreien, diese Blätter in dünne Streifen schneiden und beiseitestellen. Große Kohlköpfe vierteln, kleine halbieren. Den Strunk nicht entfernen. Die Perlzwiebeln abziehen und halbieren.

3. Das Öl bei hoher Temperatur in einer Pfanne erhitzen. Den Kohl mit der Schnittfläche nach unten 2–3 Minuten anbraten. Die Perlzwiebeln hinzugeben und mit anschwitzen, bis alles Farbe bekommen hat.

4. Die gebratenen Kohlstücke mit der Schnittfläche nach oben in einer ofenfesten Form anordnen. Die Perlzwiebeln, den angedrückten Knoblauch und die fein geschnittenen Kohlblätter rundherum verteilen.

5. Einen Klecks Butter auf jede Schnittfläche geben, salzen und mit dem Gemüsefond übergießen. Liebstöckel und Oregano hinzufügen, dabei einige Blätter Oregano für die Garnitur aufheben.

6. Den Kohl 20–30 Minuten garen, bis er weicher geworden ist.

7. Die Form aus dem Ofen nehmen und den Fond in einen Topf abseihen. Den Kohl und die Zwiebeln wieder in die Form legen und, mit Alufolie abgedeckt, warmhalten.

8. Die Sahne und die Milch in den Topf mit dem Fond gießen, mit Muskatnuss würzen. Aufkochen und 5 Minuten köcheln lassen. Die Temperatur verringern, sodass die Mischung nur noch siedet. Den Käse hineinreiben und unterrühren, bis er geschmolzen ist. Den Essig hinzufügen und mit Salz und Pfeffer abschmecken.

9. Zum Servieren den zerkleinerten Kohl und die Perlzwiebeln auf einem Teller anrichten. Den geschmorten Kohl in die Mitte legen und die Sauce zugießen. Mit Olivenöl beträufeln und mit einigen Blättern Oregano bestreuen.

IN SAHNE GEBACKENER SPITZ-KOHL MIT IN BUTTER GEBRATENEN STEINPILZEN

Für 4 Portionen

1 großer Spitzkohl
2 EL Butter
2 Schalotten
2 Knoblauchzehen
½ TL Weißweinessig
200 ml trockener Weißwein
200 ml Pilz- oder Gemüsefond
500 g flüssige Sahne
200 g frische Steinpilze
2 EL Rapsöl
Salz und schwarzer Pfeffer aus der Mühle
frische Kräuter wie Oregano oder Thymian
gutes Olivenöl zum Beträufeln

1. Den Backofen auf 175 °C (Ober-/Unterhitze) vorheizen.

2. Den Spitzkohl der Länge nach halbieren. Die Butter in eine bei mittlerer Temperatur erhitzte Pfanne geben. Den Kohl mit der Schnittfläche nach unten etwa 5 Minuten anbraten, bis er beginnt, weich zu werden. Herausnehmen und beiseitestellen.

3. Die Schalotten und den Knoblauch abziehen und fein hacken. Die Schalotten in die Pfanne geben und bei mittlerer Temperatur anschwitzen, ohne dass sie anbräunen. Den Knoblauch hinzufügen und ein paar Minuten weiter anschwitzen. Den Essig zugießen und einige Minuten köcheln lassen. Im Anschluss den Wein, den Fond und die Sahne zugießen und alles auf die Hälfte reduzieren lassen.

4. Den angebratenen Spitzkohl in 2 cm dicke Scheiben schneiden und mit der Schnittfläche nach unten in einer ofenfesten Form platzieren. Die Sahnesauce durch ein feinmaschiges Sieb auf den Kohl passieren. Leicht salzen und den Spitzkohl 30 Minuten im Ofen backen.

5. In der Zwischenzeit die Steinpilze in dünne Scheiben schneiden. Das Rapsöl bei hoher Temperatur in einer Pfanne erhitzen. Die Pilze hinzufügen und unter Rühren scharf anbraten. Sie sollen Farbe bekommen und knusprig werden. Mit Salz und Pfeffer abschmecken.

6. Die Spitzkohlscheiben auf einem tiefen Teller anrichten. Die Sahnesauce zugießen, mit den Pilzen sowie frischen Kräutern garnieren und mit gutem Olivenöl beträufeln.

SAMTIG-SAHNIGE SPITZKOHLSUPPE MIT KRÄUTERÖL UND FRITTIERTER PASTINAKE

Für 4 Portionen

Für die Suppe
1 große Zwiebel
3 Knoblauchzehen
800 g Spitzkohl
2 mehligkochende Kartoffeln
2 EL Olivenöl oder Butter
2 EL Apfelessig
1 ½ l Gemüsefond
200 g flüssige Sahne
Salz und schwarzer Pfeffer aus der Mühle

1 große Pastinake
1 l Rapsöl zum Frittieren
Salz

Kräuteröl (s. S. 154)

1. Für die Suppe die Zwiebel und den Knoblauch abziehen und fein hacken. Den Spitzkohl in grobe Stücke schneiden. Die Kartoffeln schälen.

2. Das Olivenöl oder die Butter in einem Topf erhitzen und die Zwiebel sowie den Knoblauch bei mittlerer Temperatur einige Minuten anschwitzen. Beides soll weich werden, jedoch nicht anbräunen.

3. Die Temperatur etwas erhöhen und den Apfelessig, den Kohl und die Kartoffeln hinzufügen. Unter Rühren einige Minuten zusammen mit den Zwiebeln anbraten.

4. Mit dem Gemüsefond ablöschen und köcheln lassen, bis die Kartoffeln gar sind.

5. Die Sahne hinzufügen und aufkochen lassen. Die Suppe mit einem Pürierstab oder im Mixer fein pürieren. Mit Salz und Pfeffer abschmecken.

6. Die Pastinake abwaschen und -bürsten. Mit einem Gemüsehobel oder einem scharfen Messer zu dünnen Streifen verarbeiten.

7. Das Öl in einem hohen Topf auf 180 °C erhitzen. Die Pastinakenstreifen vorsichtig in das Öl gleiten lassen und in mehreren Durchgängen frittieren, bis sie goldbraun und knusprig sind.

8. Mit einem Schaumlöffel entnehmen und auf Küchenpapier abtropfen lassen. Salzen.

9. Die heiße Suppe mit der frittierten Pastinake servieren und mit einigen Tropfen des grünen Kräuteröls beträufeln.

GEGRILLTES BROT MIT GEBRATENEM SPITZKOHL UND AUSTERNSEITLINGEN

Für 4 Portionen

400 g Austernseitlinge
(alternativ eine andere Pilzsorte)
200 g Spitzkohl
1 kleine Zwiebel
2 Knoblauchzehen
Olivenöl zum Anbraten
Salzflocken
1 Bund frischer Thymian
2 EL Butter
schwarzer Pfeffer aus der Mühle
4 Scheiben Sauerteigbrot
100 g Crème fraîche
1 Bund glatte Petersilie

1. Die Austernseitlinge putzen und in dünne, unregelmäßige Streifen reißen. Den Spitzkohl mit einem Gemüsehobel oder einem Messer zu Streifen verarbeiten. Die Zwiebel und den Knoblauch abziehen und fein hacken.

2. In einer Pfanne etwas Olivenöl bei hoher Temperatur erhitzen und die Austernseitlinge einige Minuten darin anbraten, bis sie goldbraun und leicht knusprig sind. Den Spitzkohl hinzufügen und salzen. Eine weitere Minute braten.

3. Auf mittlere Temperatur reduzieren und die Zwiebel, den Knoblauch, den frischen Thymian und die Butter zugeben. Weiterbraten, bis die Zwiebel weich ist. Ab und an umrühren. Mit Salz und Pfeffer abschmecken.

4. In einer weiteren Pfanne Brotscheiben in mehreren Durchgängen in etwas Olivenöl anbraten. Auf beiden Seiten goldbraun rösten und im Anschluss etwas abkühlen lassen.

5. Die Crème fraîche auf die Brotscheiben streichen und großzügig mit Pilzen und Kohl belegen.

6. Die Petersilie hacken und auf den Broten verteilen. Mit Salzflocken und Pfeffer bestreuen.

GRILLSANDWICH MIT BLATTKOHL UND GRÜNSCHIMMELKÄSE

Für 4 Portionen

200 g zimmerwarmer Grünschimmelkäse (z. B. Mycella)
10 große Kohlblätter von Grün- oder Schwarzkohl
1 EL Olivenöl
Salz
1 Knoblauchzehe
100 g zimmerwarme Butter
8 Scheiben Sauerteigbrot
2 Frühlingszwiebeln
frischer Thymian
Salzflocken
schwarzer Pfeffer aus der Mühle

1. Den Backofen auf 120 °C (Umluft) vorheizen.

2. Den Käse in dünne Scheiben schneiden.

3. Von den Kohlblättern den unteren Teil der dicken Blattadern in der Mitte herausschneiden. Die Blätter mit Olivenöl und Salz einreiben. Auf ein mit Backpapier ausgelegtes Backblech legen und im Ofen etwa 20 Minuten rösten, bis sie komplett knusprig sind.

4. Einen Sandwichtoaster auf hohe Temperatur einstellen oder eine Grillpfanne erhitzen.

5. Den Knoblauch abziehen und reiben. Die Butter mit dem Knoblauch vermengen und die Mischung auf beide Seiten der Brotscheiben streichen. Das Brot von beiden Seiten grillen.

6. Die Frühlingszwiebeln in feine Ringe schneiden. Den Käse, den Kohl und die Frühlingszwiebeln auf die Hälfte der noch warmen Brotscheiben legen. Mit Thymianblättern, Salz und Pfeffer bestreuen. Die übrigen Brotscheiben auflegen und sofort servieren.

GERÖSTETER BLATTKOHL MIT PILZ-BOUILLON UND SOMMERTRÜFFEL

Für 4 Portionen, als Vorspeise

Für die Pilzbouillon
600 g Champignons, fein gehackt
1 Zwiebel, fein gehackt
1 kleinere Karotte, fein gehackt
1 Stange Lauch, der grüne Teil, fein gehackt
3 Knoblauchzehen
2 Lorbeerblätter
2 TL schwarze Pfefferkörner
3 Stiele Petersilie
2 Zweige Thymian
Salzflocken

Für den gerösteten Grünkohl
200 g Grünkohl
2 Knoblauchzehen
2 EL Rapsöl
Salzflocken und schwarzer Pfeffer aus der Mühle

8 Champignons
1 Stange Lauch, der weiße Teil
1 EL Rapsöl
Salzflocken und schwarzer Pfeffer aus der Mühle
20 g frischer Sommertrüffel
frische Kräuter

1. Für die Bouillon das Gemüse in einen großen Topf geben, mit 2 l kaltem Wasser übergießen und aufkochen. Den Knoblauch andrücken und zusammen mit den Lorbeerblättern und den Pfefferkörnern in den Topf geben. Die Temperatur reduzieren und 45 Minuten köcheln lassen.

2. Den Topf vom Herd nehmen, die Petersilie und den Thymian hinzufügen und umrühren. Im geschlossenen Topf 20 Minuten ruhen lassen. Die Bouillon durch ein Sieb abseihen und mit Salz abschmecken.

3. Für den gerösteten Grünkohl den Backofen auf 120 °C (Ober-/Unterhitze) vorheizen. Die dicken Mittelrippen des Grünkohls entfernen. Den Knoblauch abziehen, die Zehen mit den Kohlblättern auf ein Backblech legen und mit dem Öl beträufeln. Salzen und pfeffern. Den Kohl in der Mitte des Ofens 20–25 Minuten rösten, bis er komplett knusprig ist. Aus dem Ofen nehmen.

4. Die Ofentemperatur auf 225 °C erhöhen. Die Champignons in kleinere Stücke und den Lauch in 1 cm dicke Scheiben schneiden. In eine ofenfeste Form geben und mit dem Öl beträufeln. Salzen und pfeffern. Für etwa 10 Minuten in den Ofen stellen, bis die Pilze und der Lauch Farbe annehmen.

5. Den Trüffel in feine Scheiben hobeln. Die Pilze und den Lauch auf tiefen Tellern anrichten. Mit der Bouillon übergießen und mit den gerösteten Kohlblättern bedecken. Mit dem Sommertrüffel und frischen Kräutern garnieren.

EIN FAVORIT IN OSTEUROPA. OFT BESTEHEN DIE ZUTATEN NUR AUS BUTTER, KOHL, ZWIEBELN UND NUDELN. VIELE VERWENDEN ALLERDINGS AUCH SCHWEINEFLEISCH. /MARTIN

HALUSKI MIT IN BUTTER GEBACKENEM WEISSKOHL

Für 4 Portionen

4 Frühlingszwiebeln
600 g Weißkohl
100 g Butter
1 TL Salz
400 g frische breite Eiernudeln
2 Knoblauchzehen

1. Den Backofen auf höchstmögliche Temperatur mit Grillfunktion vorheizen. Das Grün der Frühlingszwiebeln abschneiden (die weißen Teile beiseitelegen) und auf ein mit Backpapier ausgelegtes Backblech legen. Einige Minuten grillen, bis es komplett schwarz ist. Das Grün wenden und auch von der anderen Seite grillen, bis es schwarz ist. Herausnehmen und abkühlen lassen. Das verbrannte Grün zu einem feinen Pulver zermahlen.

2. Die Ofentemperatur auf 175 °C (Ober-/Unterhitze) reduzieren. Den Kohl in 2–3 cm große Würfel schneiden und in eine ofenfeste Form legen. Die weißen Teile der Frühlingszwiebeln der Länge nach halbieren und ebenso in die Form geben. Die Butter schmelzen und auf dem Gemüse verteilen. Salzen. In der Mitte des Ofens 30 Minuten rösten.

3. In der Zwischenzeit in einem großen Topf gesalzenes Wasser zum Kochen bringen – etwas mehr, als zum Bedecken der Nudeln ausreichen würde, um besonders stärkehaltiges Kochwasser zu erhalten. Die Nudeln im Wasser al dente kochen. Dann 100 ml Kochwasser entnehmen und danach die Nudeln abseihen.

4. Die Butter aus der Form in einen Topf umfüllen. Die Knoblauchzehen leicht andrücken und in den Topf geben. Bei mittlerer Temperatur 10 Minuten sautieren. Die Knoblauchzehen entnehmen und das Nudelwasser zugießen. Die Temperatur etwas erhöhen und die ganze Zeit über mit einem Schneebesen rühren, bis die Butter mitsamt dem Nudelwasser eingedickt ist.

5. Die Buttersauce auf tiefe Teller verteilen und jeweils einige Kohlwürfel, Frühlingszwiebeln und Nudeln darauf platzieren. Mit dem verbrannten Frühlingszwiebelgrün bestreuen.

Die Steckrüben-Akademie

Die Steckrüben-Akademie wurde im Jahr 2015 auf Initiative von Hans Naess und Martin Ragnar gegründet. Ebenso wie die Schwedische Akademie hat sie 18 Mitglieder, ihr Wappen ziert eine stattliche Steckrübe.

Der Grund, aus dem sich die Akademie genau für die Steckrübe als Wappensymbol und Namensgeberin entschieden hat, ist der, dass es sich dabei um die international bekannteste Kulturpflanze handelt, deren biologischer Ursprung in Schweden liegt.

Das Aufgabengebiet der Akademie erstreckt sich jedoch weit über den Kohl hinaus.

Die Akademie beschäftigt sich nämlich nicht nur mit Steckrüben, sondern setzt sich zum Ziel, die kulturhistorischen und geografischen Verbindungen zwischen den verschiedensten Lebensmitteln und den Gerichten, für die sie verwendet werden, zu fördern.

Sie will mit ihrer Arbeit auf vielerlei Weisen auf die einheimische Esskultur aufmerksam machen und diese unterstützen. Unter anderem sind ihre Mitglieder der Meinung, dass Gerichte aller Art Geschichten beinhalten, die es wert sind, erzählt zu werden. Außerdem möchten sie sowohl innerhalb als auch außerhalb Schwedens Wissen in Bezug auf die Themen Lebensmittel, Essen und Esskultur verbreiten.

KONFIERTE STECKRÜBE

Schon einmal Kohl konfiert? Weißkohl, Rotkohl und Steckrübe eignen sich am besten, da ihre Textur kompakter ist als die vieler anderer Kohlsorten. Der süße Geschmack der Steckrübe erinnert nach dem Konfieren an Karamell, und sie schmeckt ausgesprochen lecker in Kombination mit pikanteren und »aggressiveren« Aromen wie sie in Senf, Meerrettich, Chili und verschiedenen Pfeffersorten zu finden sind. /Martin

Für 4 Portionen, als Beilage

1 Steckrübe (500 g)
500 g Butter
4 Knoblauchzehen
½ TL getrocknete Dillblüten oder Dillsamen
6 Zweige Thymian
Salz und schwarzer Pfeffer aus der Mühle

frische Kräuter zum Garnieren
(z. B. Bohnenkraut, Rosmarin, Kerbel, Liebstöckel- oder Staudenselleriеblätter)

1. Den Backofen auf 100 °C (Ober-/Unterhitze) vorheizen.

2. Die Steckrübe schälen und in ½ cm dicke Scheiben schneiden.

3. Die Hälfte der Butter in einer ofenfesten Form verteilen. Die Steckrübenscheiben darauf platzieren und den Knoblauch, die Dillblüten bzw. Dillsamen und die Thymianzweige hinzufügen. Die restliche Butter gleichmäßig in Flocken darauf verteilen, sodass sie den Kohl beim Schmelzen vollkommen bedeckt.

4. Für 1–1 ½ Stunden in den Ofen stellen, bis der Kohl weich ist und karamellisiert. Ab und an umrühren, um ein gleichmäßiges Konfieren zu gewährleisten. Mit einem Stäbchen testen: Ist der Kohl weich, ist er fertig.

5. Dann aus dem Ofen nehmen und mit Salz und Pfeffer abschmecken. Mit frischen Kräutern garnieren.

6. Die konfierte Steckrübe als Beilage zu Fleisch, Geflügel oder Fisch servieren. Alternativ als Bestandteil eines Gemüsegerichts einsetzen – so oder so unheimlich lecker!

GEGRILLTE STECKRÜBEN AUF PFANNENBROT

Für 6 Brote

150 g Sauerrahm
6 TL geriebener Meerrettich, je nach Schärfegrad
schwarzer Pfeffer aus der Mühle
2 Steckrüben

Für das Pfannenbrot
230 g Weizenmehl Type 405
2 TL Backpulver
½ TL Salz
2 EL Honig
2 EL Rapsöl
200–250 ml zimmerwarme Schwedenmilch (alternativ Dickmilch)

1 Bund Zitronenthymian (alternativ gewöhnlicher Thymian)
Salzflocken und schwarzer Pfeffer aus der Mühle
6 EL Dukkah (nahöstliche Gewürzmischung, s. S. 193)
gutes Olivenöl zum Beträufeln

1. Den Sauerrahm, den geriebenen Meerrettich und etwas Pfeffer in einer Schüssel vermengen. Kaltstellen.

2. Auf einer Hälfte des Grills Kohle verteilen, damit die Steckrüben später bei indirekter Hitze geröstet werden können. Den Grill anfeuern. Wenn das Feuer gut brennt, die Steckrüben direkt auf die Kohlen legen (nicht auf den Rost), sodass die äußerste Schicht gleichmäßig verbrennt. Mehrmals wenden.

3. Dann die Steckrüben auf den Rost legen und auf die Seite des Grills ohne direkte Hitzeeinwirkung platzieren. Den Deckel auflegen und bei indirekter Temperatureinwirkung etwa 1 Stunde rösten, bis die Steckrüben sich bei leichtem Druck auf die Schale weich anfühlen. Bei Bedarf die Kerntemperatur der Rüben messen, sie sollte 95 °C betragen. Vom Grill nehmen und abkühlen lassen.

4. Für das Pfannenbrot das Mehl, das Backpulver und das Salz in einer Schüssel vermengen.

5. Den Honig und das Öl mit 200 ml Schwedenmilch in einer Schüssel vermengen und zu der Mehlmischung geben. Zügig zu einem glatten Teig verarbeiten, bei Bedarf mehr Schwedenmilch zugeben.

6. Den Teig zu einem Strang formen und in sechs gleich große Stücke teilen. Jedes der Teigstücke dünn ausrollen und in einer heißen Pfanne ohne Öl 2 Minuten von jeder Seite backen.

7. Die gegrillten Steckrüben schälen. Meist lässt sich das gut mit den Fingern bewerkstelligen, alternativ kann ein Messer verwendet werden. Darauf achten, so viel wie möglich von dem gerösteten Teil zu bewahren, der direkt unter der Schale liegt. Dann in kleinere, ungleiche Spalten schneiden. Salzen.

8. Die Steckrübenstückchen auf den Broten verteilen. Einen Klecks Meerrettichsahne darauf platzieren und mit Thymianblättern, Salz, Pfeffer und Dukkah bestreuen. Mit gutem Olivenöl beträufeln, zusammenfalten und sofort genießen.

KOHLROULADEN MIT HACKFLEISCHFÜLLUNG

Wenn die Kohlrouladen gerollt sind, können Sie sie gerne einzeln in Frischhaltefolie verpacken und einige Stunden in einer Form im Kühlschrank ruhen lassen, am besten über Nacht. So können sie durchziehen und halten besser zusammen. /Victoria

Für 4 Portionen

1 Kopf Weißkohl
Salz
65 g Rundkornreis
200 ml Milch
1 Zwiebel
1 + 4 EL Butter
500 g gemischtes Hackfleisch
2 Eier
150 g flüssige Sahne
weißer Pfeffer aus der Mühle
1 Prise Muskatnuss
2 EL Honig
100 ml Kalbsfond

Zum Servieren
Wildpreiselbeeren aus dem Glas
gekochte Kartoffeln
2 EL fein gehackte Petersilie

1. Den Wurzelansatz des Kohlkopfes, der die äußeren Blätter hält, abschneiden, dann alle Blätter einzeln ablösen. Diese in kochendem Salzwasser portionsweise kurz blanchieren. Abkühlen lassen und dann den dicken Teil der Blattrippen keilförmig herausschneiden.

2. Den Reis unter fließend kaltem Wasser durchspülen. Dann im geschlossenen Topf mit der Milch etwa 20 Minuten bei mittlerer Temperatur kochen, bis er weich ist. Abkühlen lassen.

3. Die Zwiebel abziehen, fein hacken und in 1 EL Butter anschwitzen, bis sie weich ist. Das Hackfleisch mit dem Reis, der Zwiebel, den Eiern und der Sahne vermengen. Mit Salz, Pfeffer und Muskatnuss abschmecken.

4. Etwa 60 g Füllung auf jedem Kohlblatt verteilen und diese aufrollen. Jede Roulade einzeln in Frischhaltefolie fest einwickeln.

5. Den Backofen auf 175 °C (Ober-/Unterhitze) vorheizen. Die Kohlrouladen aus der Folie wickeln und in eine ofenfeste Form legen. 4 EL Butter schmelzen und zusammen mit dem Honig und dem Fond über die Kohlrouladen gießen. Im Ofen garen, bis der Kohl weich ist und die Rouladen eine Kerntemperatur von 65 °C haben.

6. Mit Preiselbeeren, gekochten Kartoffeln und der Sauce aus der Form anrichten. Mit Petersilie bestreuen und servieren.

SÄUERLICHE KOHLROULADEN MIT GRÜNEN ERBSEN UND WURZELGEMÜSE

Ich habe mich mit meinem Freund Armin, dessen Mama Zorica Pendek ursprünglich aus Serbien kommt, über Kohl unterhalten. Was spontan zur Sprache kam, das waren diese säuerlichen Kohlrouladen, Kindheitserinnerungen und Reisen zur Verwandtschaft. Selbstverständlich kann man diese Rouladen aber auch zu Hause herstellen. Halten Sie in den Regalen, in denen Sie Zutaten vom Balkan finden, Ausschau nach gesäuerten Weißkohlköpfen. Für Zoricas Rezept braucht man vielleicht nicht den ganzen Kopf, aber Sie können Übriges einfach aufheben, in Streifen schneiden und für einen säuerlichen Kohlsalat verwenden. /Martin

Für 6 Portionen

170 g Reis
200 g Lauch, fein gehackt
200 g Zwiebeln, fein gehackt
3 Knoblauchzehen, fein gehackt
400 g Champignons, in dünne Scheiben geschnitten
Butter zum Anschwitzen
1 Msp. geräuchertes Paprikapulver
1 TL weißer Pfeffer
1 TL getrockneter Oregano
Salz
1 gesäuerter Kohlkopf (6 schöne Blätter zum Einrollen)
Öl zum Bepinseln

Für die Erbsen und das Wurzelgemüse
180 g frische grüne Erbsen (alternativ TK-Erbsen)
Salz
1 große Pastinake
1 kleiner Knollensellerie
1 Fenchelknolle
2 EL Butter
2 EL Petersilie, fein gehackt

Zum Garnieren
Gewürztagetes mit Blüten
Petersilienblätter

1. Den Reis kochen. In einer Pfanne den Lauch, die Zwiebeln und den Knoblauch in Butter anschwitzen, bis alles weich ist. Die Champignons und den gekochten Reis in einer weiteren Pfanne anbraten, danach alles zusammen in eine Pfanne geben. Weiterbraten und das Paprikapulver, den Pfeffer und den Oregano hinzufügen. Sorgfältig umrühren, damit sich alles gut miteinander vermengt. Mit Salz abschmecken.

2. Die Blätter des gesäuerten Kohlkopfes von den harten Blattrippen befreien. Frischhaltefolie unter jedes Blatt legen, 2 EL Füllung darauf platzieren und das Blatt jeweils zu einer Roulade aufrollen. Mit einer Seite der Folie bedecken und fest aufrollen, damit die Roulade rund und kompakt wird. Die Folie an den Seiten aufzwirbeln. Ebenso mit den übrigen Kohlblättern und der Füllung verfahren. Die Rouladen im Anschluss einige Stunden im Kühlschrank ruhen lassen, am besten über Nacht.

3. Den Backofen auf 175 °C (Ober-/Unterhitze) vorheizen. Die Folie von den Rouladen entfernen, sie sollten jetzt gut zusammenhalten. Auf ein Backblech legen, mit Öl bepinseln und im Ofen 2 Stunden garen.

4. Für die Erbsen in einem Topf Wasser aufkochen und großzügig salzen. Die Erbsen darin maximal 1 Minute blanchieren. Abseihen und mit kaltem Wasser abschrecken.

5. Für das Wurzelgemüse die Pastinake, den Knollensellerie und den Fenchel in gleich große Stücke schneiden. Eine Pfanne bei mittlerer Temperatur erhitzen und die Butter darin schmelzen. Das Wurzelgemüse, die Erbsen und die Petersilie hinzufügen und einige Minuten unter Rühren sautieren, sodass alles weich wird, jedoch keine Farbe annimmt.

6. Das Gemüse auf Tellern anrichten, jeweils eine Kohlroulade darauf platzieren und mit Gewürztagetes und Petersilie garnieren.

COLCANNON

Colcannon ist ein irisches Gericht und besteht aus cremigen Kartoffeln und Kohl. Schlicht und einfach ein aufgemotztes Kartoffelpüree. Aber das Einfachste ist ja bekanntlich manchmal das Leckerste. So auch in diesem Falle. /Victoria

Für 4 Portionen

900 g mehligkochende Kartoffeln
400 g Wirsing
1 Zwiebel
2 Knoblauchzehen
100 g Butter
Salz
200 ml Milch
schwarzer Pfeffer aus der Mühle
Petersilie, fein gehackt

1. Die Kartoffeln schälen und in kleinere Stücke schneiden.

2. Den Wirsing von den äußeren grünen Blätter befreien und diese in feine Streifen schneiden. Den weißen Teil des Kohls ebenso klein schneiden wie die Kartoffeln.

3. Die weißen Kohlstücke und die Kartoffeln in gesalzenem Wasser etwa 20 Minuten kochen, bis sie sehr weich sind. Das Wasser abgießen (für Suppe, Bouillon oder andere Gerichte aufheben) und das Gemüse einige Minuten im Topf ausdampfen lassen. Beiseitestellen.

4. Die Zwiebel und den Knoblauch abziehen und in dünne Scheiben schneiden.

5. In einer Pfanne 2 EL der Butter bei mittlerer Temperatur zerlassen. Die Zwiebel und den Knoblauch hinzufügen und sautieren, bis alles weich und glasig ist.

6. Die Temperatur etwas erhöhen und die grünen Wirsingstreifen zugeben. Einige Minuten anbraten, bis sie weich sind und Farbe bekommen haben. Salzen.

7. In einem großen Topf die Milch bei mittlerer Temperatur erhitzen. Sie soll nicht anfangen zu kochen. Nach und nach kleine Portionen der gekochten Kartoffel-Kohl-Mischung zugeben. Mit einem Kartoffelstampfer oder einer Gabel zu einem groben Püree verarbeiten.

8. Den gebratenen grünen Wirsing mit Zwiebel und Knoblauch zum Püree geben. Die restliche Butter zufügen und umrühren, bis sie schmilzt. Mit Salz und Pfeffer abschmecken.

9. Auf Tellern anrichten, mit Petersilie bestreuen und servieren.

IM GANZEN GERÖSTETER BLUMENKOHL MIT KNOBLAUCHBUTTER

Einen Blumenkohl am Stück im Ofen zu backen ist zum einen ausgesprochen lecker, zum anderen leicht umsetzbar. Im Inneren weich und saftig und außen knusprig. Eine Beilage oder ein Hauptgericht, das zu fast allem passt. Schneiden Sie ihn in Spalten und servieren Sie ihn beispielsweise mit *gremolata* – einer Kräuter-Würzmischung aus der lombardischen Küche –, mit gesalzenem Joghurt, geriebenem Hartkäse und in Scheiben geschnittenem Chili. Oder wieso nicht auf einem Bett aus Kimchi-Mayonnaise und garniert mit Sesamsamen und Frühlingszwiebeln? Falls Sie einen Blumenkohl mit frischen Blättern in die Finger bekommen, können Sie diese wunderbar in Streifen schneiden, mit Olivenöl und Salz vermengen und im Ofen backen, bis sie eine goldbraune, fast knusprige Oberfläche haben. /Victoria

Für 4 Portionen

2 Blumenkohlköpfe
2 Knoblauchzehen
200 g zimmerwarme Butter
1 ½ TL Salz
schwarzer Pfeffer aus der Mühle

1. Den Backofen auf 180 °C (Umluft) vorheizen.

2. Den Blumenkohl vom Grün befreien. Die Blumenkohlköpfe im Ganzen in eine ofenfeste Form legen.

3. Den Knoblauch abziehen und fein reiben. In einer kleinen Schüssel mit der Butter und dem Salz verrühren. Den Blumenkohl mit der Butter bepinseln oder einreiben, die gesamte Oberfläche sollte gleichmäßig bedeckt sein. Mit Alufolie abdecken.

4. 20 Minuten im Ofen backen, dann die Folie vorsichtig entfernen.

5. Ungefähr weitere 45 Minuten backen, bis der Blumenkohl eine schöne goldbraune Oberfläche hat. Ab und an mit der flüssigen Butter aus der Form beträufeln.

6. Der Kohl ist fertig, wenn seine Kerntemperatur 87 °C erreicht hat. Ist kein Thermometer zur Hand, kann mit einem scharfen Messer in den Blumenkohl gestochen werden. Wenn er sich weich anfühlt, ist er fertig.

7. Den Blumenkohl etwas abkühlen lassen. Im Ganzen servieren oder in Spalten schneiden und mit Salz und Pfeffer abschmecken.

KARAMELLISIERTER ROTKOHL MIT BROMBEEREN, HOLUNDER, ZIEGENKÄSE UND MEERRETTICHBUTTER

Für 6 Brote

Für die Meerrettichbutter
100 g Butter
2 EL fein geriebener Meerrettich

Für den karamellisierten Rotkohl
500 g Rotkohl
2 EL Butter
4 EL Zucker
Salz
100 ml Rotwein
100 ml Apfelessig
Blüten von 4 Holunderdolden,
(einige Blüten für die Garnitur aufheben)
100 g frische Brombeeren

250 g Ziegenkäse oder Manchego, in Scheiben geschnitten
6 Pfannenbrote (s. S. 62)
Salzflocken und schwarzer Pfeffer aus der Mühle

1. Für die Meerrettichbutter die Butter in einem Topf zerlassen, bis sie anfängt zu blubbern. Vom Herd nehmen, den Meerrettich unterrühren und beiseitestellen.

2. Für den karamellisierten Rotkohl den Kohl in Streifen schneiden. In einer großen Pfanne oder einem Topf die Butter bei mittlerer Temperatur zerlassen.

3. Den Rotkohl, den Zucker und 1 TL Salz hinzufügen. Gut umrühren und den Rotkohl 5–7 Minuten anbraten, bis er beginnt, weich zu werden und leicht zu karamellisieren.

4. Den Rotwein, den Apfelessig und die Holunderblüten dazugeben. Umrühren und aufkochen lassen. Einige Minuten garen, bis die Flüssigkeit verdampft ist.

5. Die Temperatur reduzieren und den Rotkohl weitere 25 Minuten köcheln lassen. 10 Minuten vor Ende der Garzeit die Brombeeren hinzufügen. Ab und an umrühren. Vom Herd nehmen und etwas abkühlen lassen.

6. Die Meerrettichbutter schmelzen.

7. Die Käsescheiben auf den Broten verteilen. Den karamellisierten Rotkohl darauf platzieren. Mit Meerrettichbutter beträufeln und mit Salzflocken, Pfeffer sowie einigen Holunderblüten bestreuen.

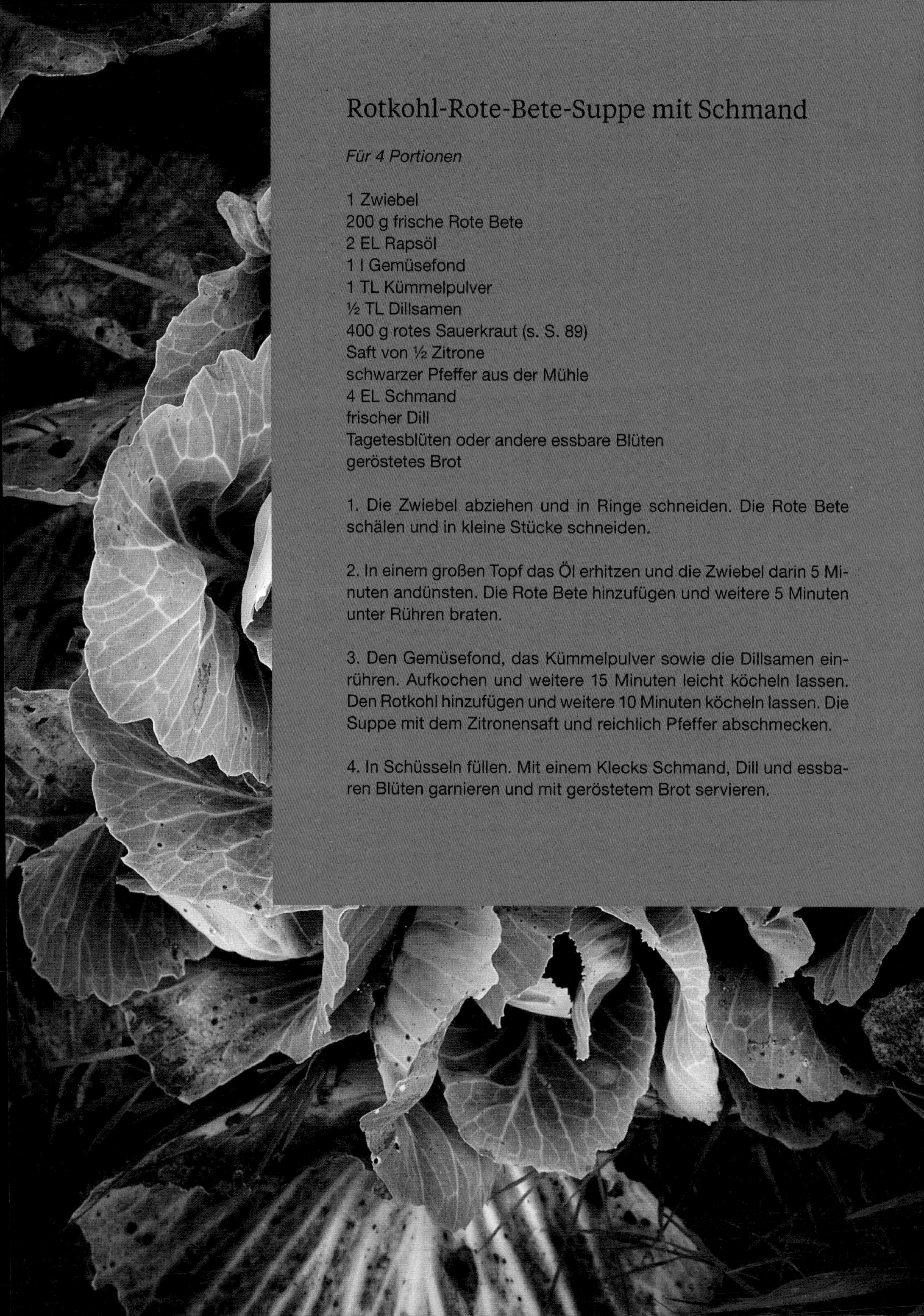

Rotkohl-Rote-Bete-Suppe mit Schmand

Für 4 Portionen

1 Zwiebel
200 g frische Rote Bete
2 EL Rapsöl
1 l Gemüsefond
1 TL Kümmelpulver
½ TL Dillsamen
400 g rotes Sauerkraut (s. S. 89)
Saft von ½ Zitrone
schwarzer Pfeffer aus der Mühle
4 EL Schmand
frischer Dill
Tagetesblüten oder andere essbare Blüten
geröstetes Brot

1. Die Zwiebel abziehen und in Ringe schneiden. Die Rote Bete schälen und in kleine Stücke schneiden.

2. In einem großen Topf das Öl erhitzen und die Zwiebel darin 5 Minuten andünsten. Die Rote Bete hinzufügen und weitere 5 Minuten unter Rühren braten.

3. Den Gemüsefond, das Kümmelpulver sowie die Dillsamen einrühren. Aufkochen und weitere 15 Minuten leicht köcheln lassen. Den Rotkohl hinzufügen und weitere 10 Minuten köcheln lassen. Die Suppe mit dem Zitronensaft und reichlich Pfeffer abschmecken.

4. In Schüsseln füllen. Mit einem Klecks Schmand, Dill und essbaren Blüten garnieren und mit geröstetem Brot servieren.

KOHL 8 BOWL

Das Tolle an Kohl ist, dass man ihn auf so viele verschiedene Arten zubereiten kann. Dieser Salat ist der Beweis dafür. Acht Kohlvarianten in ein und derselben Bowl. Meine absolute Lieblingszubereitungsart ist, den Kohl scharf anzubraten. Wie hier, eine Spalte Spitzkohl, die schnell bei hoher Temperatur nur mit Öl und Salz angebraten wird. Das verleiht einen tiefen, runden Geschmack und eine gute Konsistenz, die perfekt zu einem sättigenden Salat passt. Massierte Kohlblätter sind Standard in meinen Salaten, da sie ihre Elastizität bewahren, wenn man sie im Dressing wendet. Außerdem sind sie wahnsinnig nahrhaft! /Victoria

Für 4 Portionen

Für das Steckrüben-*gari*
100 ml Weißweinessig
2 Msp. Salz
90 g Zucker
70 g frische Ingwerwurzel
½–1 rote Chilischote
200 g Steckrüben

Für die Kimchi-Mayonnaise
100 g Kimchi (s. S. 100)
2 TL geriebene Ingwerwurzel
250 g Mayonnaise
Essig
Salz
gochugaru (koreanische Chiliflocken) oder Piment d'Espelette;
je nach Geschmacksintensität des Kimchi

Für den Blumenkohl-Couscous
1 Blumenkohl (300 g ohne Blätter)
Olivenöl
Salz und schwarzer Pfeffer aus der Mühle

Für den massierten Kohlsalat
100 g gemischte Kohlblätter
(z. B. Grünkohl, Schwarzkohl, Wirsing oder Rosenkohl)
2 TL Zitronensaft
1 EL Öl
2 Msp. Salz
2 kleinere Schalotten
1 kleiner Kohlrabi
1 Mini-Spitzkohl oder ½ durchschnittlich großer Spitzkohl
neutrales Öl zum Anbraten
Salz

500 g rotes Sauerkraut (s. S. 89)
2 EL Kohl-*furikake* (s. S. 81)
1 Handvoll frische Kräuter und essbare Blütenblätter
(z. B. Dill, Koriander, Kresse, Ringelblume, Tagetes)

Für das Steckrüben-*gari*
1. Den Weißweinessig mit 150 ml Wasser, dem Salz und dem Zucker zum Kochen bringen. Umrühren, bis sich das Salz und der Zucker aufgelöst haben.

2. Den Ingwer schälen und fein hacken, die Chilischote in Ringe schneiden und beides in die Essigmischung einrühren. Die Steckrübe schälen und mit einem Gemüsehobel zu dünnen Scheiben verarbeiten.

3. Dann die Steckrübenscheiben in ein steriles Schraubglas füllen. Mit der lauwarmen Flüssigkeit aufgießen und den Deckel zuschrauben.

4. Das Glas schütteln, damit sich alles miteinander vermengt, und mindestens 2 Stunden marinieren, bis die Steckrübe weich ist. Das Steckrüben-*gari* hält sich mehrere Monate im Kühlschrank.

Für die Kimchi-Mayonnaise
1. Das Kimchi fein hacken und mit dem geriebenen Ingwer zu einer groben Paste verrühren. Die Mayonnaise hinzufügen. Abhängig von der Geschmacksintensität des Kimchi kann mit Salz, Essig und *gochugaru* oder Piment d'Espelette abgeschmeckt werden. Vor dem Servieren mindestens 1 Stunde im Kühlschrank ziehen lassen.

Für den Blumenkohl-Couscous
1. Das Grün vom Kohl entfernen und aufheben, es kann für ein anderes Gericht verwendet werden. Den Blumenkohlkopf mitsamt Strunk in grobe Stücke schneiden. Mithilfe der Küchenmaschine oder einer Reibe zu einer Art Couscous verarbeiten.

2. 1 l Wasser zum Kochen bringen und den geraspelten Blumenkohl hineingeben. Die Herdplatte ausschalten und im geschlossenen Topf 5 Minuten aufwallen lassen. Abseihen. Den Kohl im Sieb etwas schütteln, damit überschüssige Flüssigkeit abfließen kann.

3. Mit Öl, Salz und Pfeffer abschmecken.

Für den massierten Kohlsalat
1. Den gröbsten Teil des Stiels von den verwendeten Blattkohlsorten abschneiden. Die Blätter in unregelmäßige Stücke reißen. Wenn Rosenkohl verwendet wird, den Strunk abschneiden und die Blätter abzupfen.

2. Alles in einer Schüssel mit dem Zitronensaft, dem Öl und dem Salz vermengen und sorgfältig mit den Händen einmassieren.

3. Die Schalotten abziehen und in dünne Ringe schneiden. Den Kohlrabi schälen und in zahnstocherdünne Stäbchen schneiden. Den Spitzkohl in vier Spalten schneiden.

4. In einer Pfanne etwas Öl auf höchster Stufe erhitzen und die Kohlspalten auf den Schnittflächen darin anbraten, bis sie eine schön gebräunte Oberfläche bekommen. Wenden und eventuell etwas mehr Öl zugeben. Wenn der Kohl eine rundum schöne Farbe angenommen hat, die Herdplatte ausschalten und den Kohl salzen.

5. Zeit, alles zusammenzubauen! Alle Komponenten in Schüsseln anrichten, mit einer Prise Salzflocken und *furikake* bestreuen und mit frischen Kräutern und Blütenblättern dekorieren. Genießen!

Furikake mit geröstetem Blattkohl

10 g Grünkohl- oder Schwarzkohlblätter

Für das *furikake*
2 EL ganzer Buchweizen
2 EL Mandelkerne
2 EL Sonnenblumenkerne
1 EL schwarze Sesamsaat
1 EL weiße Sesamsaat
½ TL Szechuanpfefferkörner
10 g getrockneter Fingertang
(alternativ getrocknete Nori-Blätter)
Salz

1. Den Backofen auf 120 °C (Umluft) vorheizen.

2. Die Kohlblätter auf ein Backblech legen und 20 Minuten rösten, bis sie komplett trocken und knusprig sind.

3. Eine Pfanne ohne Öl auf mittlere Temperatur erhitzen und den Buchweizen, die Mandeln, die Sonnenblumenkerne, den Sesam und den Szechuanpfeffer hineingeben. 5 Minuten rösten, bis alles beginnt, Farbe anzunehmen und zu duften. Von Zeit zu Zeit umrühren und aufpassen, dass nichts anbrennt. Vom Herd nehmen.

4. Die angerösteten Zutaten in einen Mixer umfüllen. Die gerösteten Kohlblätter und den Tang hineinbröseln und salzen. Einige Male mixen oder die Pulstaste betätigen. Es sollen kleine Stücke dabei herauskommen, jedoch kein feines Pulver. In einem Schraubglas trocken lagern.

DREIERLEI SORTEN KRAUTSALAT

Für 4 Portionen

Für die klassische Variante
500 g Weißkohl
2 TL Salz
25 g Raps- oder Olivenöl
4–5 EL Weißweinessig
Salz und schwarzer Pfeffer aus der Mühle
1 ½ EL getrockneter Oregano
70 g eingelegte Paprika, in Streifen geschnitten

Für die cremige Variante
500 g Weißkohl
2 TL Salz
25 g Raps- oder Olivenöl
4–5 EL Apfelessig
Sauerrahm
Salz und schwarzer Pfeffer aus der Mühle
1 kleine weiße Zwiebel, in Ringe geschnitten
1 TL getrocknete Dillblüten (alternativ Dillsamen)
1 TL getrocknete Kümmelsamen
frischer Dill

Für die rote Variante
500 g Rotkohl
2 TL Salz
25 g Raps- oder Olivenöl
4–5 EL Sherry-Essig
Salz und schwarzer Pfeffer aus der Mühle
½ TL Koriandersamen
frische Petersilie, fein gehackt

1. Mit einem Gemüsehobel den Kohl zu feinen Streifen verarbeiten.

2. Den Kohl in eine Schüssel geben und sorgfältig mit beiden Händen 2 TL Salz einmassieren. 20 Minuten ziehen lassen. Die Flüssigkeit aus dem Kohl drücken, abseihen und im Anschluss zurück in die Schüssel legen.

3. Den Kohl mit dem Öl vermengen und mit Essig, Salz und Pfeffer abschmecken. Die restlichen Zutaten hinzufügen und gut vermischen. Vor dem Servieren etwas durchziehen lassen.

FERMENTIEREN
Jenny »Sauertante« Neikell über den Prozess

Fermentieren kann einfach als »Speisenzubereitung mit guten Mikroorganismen« beschrieben werden. Unter kontrollierten Bedingungen lässt man Mikroorganismen ein Lebensmittel so verändern, dass es für unerwünschte Mikroorganismen unzugänglich wird, das heißt, man konserviert es. Beispiele für fermentierte Lebensmittel sind Käse, Wein, Miso und Sauerkraut. Sie werden alle mithilfe von Bakterien, Hefen oder Schimmelpilzen hergestellt. In gewissen Fällen ist eine Starterkultur vonnöten, das bedeutet, dass die richtige Sorte Mikroorganismen zugegeben wird, aber das ist beim Fermentieren von Gemüse nicht notwendig. In allen Gemüsesorten finden sich nämlich Milchsäurebakterien, die die im Gemüse enthaltenen Zuckerarten durch Stoffwechselprozesse in andere Stoffe umwandeln können.

Es ist einfach, sich das Wissen über Gemüsefermentation anzueignen, aber im Inneren des Glases vollzieht sich ein komplexer mikrobiologischer Vorgang. Innerhalb der ersten Tage kämpfen die Milchsäurebakterien, um andere Bakterien, die mit ihnen um die Nährstoffe im Glas konkurrieren, zu vernichten. Wenn die richtigen Voraussetzungen für sie geschaffen wurden – der korrekte Salzgehalt, eine angenehme Temperatur zwischen 18–20 °C und ein säurefreies Milieu –, gelingt es ihnen. Da ist es praktisch, dass viele der Feinde der Milchsäurebakterien auch unsere Feinde sind, weil sie uns krank machen können oder die Lebensmittel schlecht werden lassen, anstatt sie fermentieren zu lassen.

Die Milchsäurebakterien, die in dieser ersten Phase aktiv sind, werden als heterofermentierend bezeichnet, was bedeutet, dass sie mehrere verschiedene Metaboliten (Abbauprodukte) während des Fermentationsprozesses bilden. Es entsteht unter anderem

Kohlenstoffdioxid (was für das Bitzeln im Glas verantwortlich ist), Säuren (die dafür sorgen, dass das Gemüse säuerlich-frisch schmeckt) und eine Menge Duft- und Geschmacksstoffe (Tang, Honig, Apfel, umami etc.), die dem fermentierten Gemüse ihren einzigartigen Charakter verleihen.

Auch die Konsistenz verändert sich während des Prozesses, das Gemüse wird weicher und saftiger. Nach einigen Tagen geht der Vorgang in eine neue Phase über und eine andere Bakterienart – die der homofermentierenden Bakterien – beginnt zu wachsen. Sie bilden im Großen und Ganzen ausschließlich Säuren während der Fermentation. Deshalb sinkt der pH-Wert drastisch, und nach ungefähr zwei Wochen, am Ende des Prozesses, liegt der Wert ein gutes Stück unter 4. Ein derart saures Milieu schafft einen konservierenden Effekt und sorgt dafür, dass ein ungeöffnetes Glas mit fermentiertem Gemüse, das im Kühlschrank gelagert wird, seine Frische und den feinen Geschmack für mindestens ein Jahr oder manchmal auch mehrere Jahre behält.

Auf den folgenden beiden Seiten: 1. Sauerkraut 2. Sauer eingelegter Spitzkohl mit Bohnensprossen 3. Gesäuerte Blumenkohlröschen 4. Rotes Sauerkraut 5. Weißes Kimchi mit Rhabarber 6. Klassisches Kimchi 7. Krautsalat 8. Sauer eingelegter Kohlrabi mit Holunder 9. Kimchi-Saft

2.
3.
1.
4.

5.
7.
6.
8.
9.

Sauerkraut

600 g Weiß- oder Rotkohl
1 ½ TL jodfreies Salz (6–7 g)
1 Msp. Fenchelsamen (optional)
1 großes steriles Glas (1 l) mit Gummidichtung
und Schnappverschluss

1. Den Kohl in so dünne Streifen wie möglich schneiden, zum Beispiel mit einem Gemüsehobel. In eine Schüssel geben, mit Salz und Fenchelsamen bestreuen und 10 Minuten gut durchkneten, damit die Flüssigkeit aus dem Kohl austreten kann.

2. Die Kohlmischung in kleinen Portionen in das Glas schichten. Mit einem Kochlöffel oder einem Stampfer herunterdrücken, um alles unterzukriegen, und dann mit der Flüssigkeit aus der Schüssel übergießen. Wasser in eine Plastiktüte füllen, verknoten und als Gewicht auf den Kohl legen, damit alles mit Flüssigkeit bedeckt ist. Den Deckel auflegen und mit dem Bügel verschließen.

3. Das Glas auf einen Teller stellen. Mit hoher Wahrscheinlichkeit wird durch den Gummiring einiges an Flüssigkeit austreten, und die sammelt sich hoffentlich auf dem Teller. Das Glas bei Zimmertemperatur 14 Tage stehen lassen.

4. Im Anschluss in den Kühlschrank stellen und mindestens weitere 14 Tage stehen lassen, damit sich die Aromen gut entwickeln können. Danach die Plastiktüte entfernen und das Sauerkraut verwenden. Wenn es länger im Kühlschrank stehen soll, darauf achten, dass der gesamte Kohl mit Flüssigkeit bedeckt ist. Andernfalls kann es zu Obergärung kommen, dann schmeckt das Sauerkraut verdorben.

SAUER EINGELEGTE SPITZPAPRIKA MIT SAUERKRAUT

500 ml Tafelessig (10 %)
150 g Zucker
120 g jodfreies Salz
10 Spitzpaprikaschoten
600 g Sauerkraut (s. S. 89), (Abtropfgewicht)
2 EL getrockneter Oregano

1. Den Essig mit 1 ½ l Wasser, dem Zucker und dem Salz aufkochen und umrühren, bis sich der Zucker aufgelöst hat.

2. Die Paprikaschoten von den Stielen und den Samen befreien. Salzwasser aufkochen und jede Paprika 5 Sekunden blanchieren. Abkühlen lassen.

3. Die Paprikaschoten in ein großes steriles Glas mit Schnappverschluss legen. Mit dem Essigsud aufgießen und das Glas für 24 Stunden kaltstellen.

4. Das Sauerkraut in eine Schüssel geben. Den Oregano nach und nach unter Rühren einstreuen, damit er sich gleichmäßig im Sauerkraut verteilt.

5. Die Paprikaschoten aus dem Kühlschrank nehmen, den Sud in eine Schüssel umfüllen und für später aufheben. Die Paprikaschoten herausnehmen und mit so viel Sauerkraut wie möglich füllen.

6. Die gefüllten Paprikaschoten wieder in das Glas legen und erneut mit dem Sud übergießen. Mindestens 2 cm Abstand zum Glasrand lassen. Wasser in eine Plastiktüte füllen, verknoten und als Gewicht auflegen. Den Deckel verschließen und weitere 48 Stunden im Kühlschrank durchziehen lassen, bis die Paprikaschoten serviert werden.

KARTOFFELKLÖSSCHEN MIT SAUERKRAUT UND SCHMAND

Für 4 Portionen

1–2 mehligkochende Kartoffeln
250 g kaltes Kartoffelpüree
2 TL Meersalz
½ TL grob gemahlener weißer Pfeffer
200 g Sauerkraut (s. S. 89), (Abtropfgewicht)
1 Ei
100 g Semmelbrösel
Öl zum Frittieren
100 g Schmand
2 EL Olivenöl
fein gehackte Kräuter
(z. B. Petersilie, Dill und Schnittlauch)

1. Auf einer Küchenreibe die Kartoffeln reiben. Zusammen mit dem Kartoffelpüree in eine Schüssel geben. Mit Salz und Pfeffer würzen und gut vermengen.

2. Das Sauerkraut abtropfen lassen und auf Küchenpapier legen, damit es weiter trocknen kann.

3. Aus der Kartoffelmischung 3 cm große Klößchen formen. Mit dem Daumen eine kleine Mulde in jedes Klößchen drücken und mit Sauerkraut füllen. Mit Teig verschließen und zwischen den Handflächen zu schönen runden Bällchen formen.

4. Das Ei verquirlen. Die Klößchen zunächst im Ei wenden und danach in den Semmelbröseln. Auf ein Backblech legen.

5. In einer Pfanne mit hohem Rand reichlich Öl erhitzen. Die Öltemperatur sollte 180 °C erreichen und beim Frittieren aufrecht gehalten werden.

6. Einige Schichten Küchenpapier in eine Schüssel legen und neben den Herd stellen. Pro Durchgang vier Klößchen frittieren, 8 Minuten oder bis sie goldbraun und knusprig sind. Während des Frittierens mit einem Schaumlöffel vorsichtig hin und her bewegen.

7. Die Klößchen entnehmen und auf dem Küchenpapier abtropfen lassen. Salzen und wenden, damit sich das Salz gleichmäßig verteilt. Den Schmand in einem Schälchen mit dem Olivenöl beträufeln und mit Kräutern bestreuen. Sofort servieren.

IN ASIEN WIRD
FLEISSIG KOHL
VERWENDET UND
FERMENTIERT,
U. A. IN FORM VON
KIMCHI. AUCH
DÜNN GEHOBELTEN
KOHL FINDET
MAN IN VIELEN
VERSCHIEDENEN
GERICHTEN.

OSTEN

Vielleicht hat man ihr Kimchi schon einmal in der Hart Bageri in Kopenhagen auf einem *Slurp Ramen Joint* probiert, ihrer mittlerweile zum Klassiker avancierten Version eines Grillsandwiches mit Kimchi, oder man hatte Gelegenheit, an einem ihrer Kimchi-Workshops teilzunehmen. Ungeachtet der Tatsache, woher man sie kennt, steht fest, dass Kala Sung ihren Spitznamen »Kimchi Queen« – die unangefochtene Königin des Kimchi – verdient hat.

»Kimchi ist so vielseitig! Es kann Beilage sein, Garnitur oder eine Zutat, wenn man *jjigae* (Eintopf) zubereitet. Man kann auch verschiedene Kimchi-Sorten für verschiedene Gerichte verwenden. Für *jjigae* und Kimchi Fried Rice wird ein länger gelagertes Kimchi verwendet – je älter, desto besser, denn das ist gut gereift und richtig sauer. Als Garnitur oder Beilage kann frisches Kimchi zum Einsatz kommen, das nur wenige Tage gelagert wurde.«

Kala kommt ursprünglich aus Südkorea, hat jedoch in New York eine Ausbildung zur Köchin absolviert und wohnt mittlerweile in Kopenhagen. Sie arbeitet fleißig mit einer ganzen Reihe verschiedener Restaurants zusammen und bereist die Welt, um kreative kulinarische Workshops abzuhalten.

»Wenn ich in der Welt umherreise, meine Workshops mache und die Tradition des ›kimjang‹ (der Zubereitung von Kimchi) lehre, greife ich auf traditionelle Fermentationstechniken und regionale Zutaten zurück und versuche, moderne Kniffe miteinzubeziehen, die mich inspirieren, aber gleichzeitig die charakteristischen Eigenschaften des Kimchi bewahren«, sagt Kala, als wir mit ihr über Kimchi und ihre Beziehung zur traditionellen koreanischen Esskultur sprechen.

Das erste Mal haben wir Kala auf einem ihrer Kimchi-Workshops getroffen. Ein farbenfrohes und geschmacksintensives Erlebnis, bei dem wir Gelegenheit hatten, uns die Grundlagen anzueignen und gleichzeitig den Irrglauben zu widerlegen, es gebe nur eine korrekte Art, Kimchi herzustellen.

Natürlich lässt sich Kimchi wie die meisten Kohlgerichte unendlich variieren. Man kann verschiedene Sorten Kohl, Gemüse und Kräuter verwenden, alles nach eigener Vorliebe und Geschmack. Die Grundpfeiler sind eigentlich nur die Fermentation und das Würzen. Die Würzung hat sich je nach Ort und betrachtetem Zeitraum auch verändert, je nachdem, welche Gewürze zur Verfügung standen.

Zum Thema »kimjang«: »Kimjang« bezeichnet den traditionellen koreanischen Prozess zur Herstellung und Konservierung von Kimchi. Während eines Herbstmonats werden große Mengen Kimchi vorbereitet, um den Vorrat vor dem Winter aufzufüllen. Dann versammeln sich Familien sowie Nachbarinnen und Nachbarn, um gemeinsam Gemüse zu schälen und zu waschen, bevor Salz hinzugefügt und der Fermentierungsprozess angestoßen wird. Für viele Koreanerinnen und Koreaner ist diese Tradition auch eine kulturelle Handlung, 2013 wurde »kimjang« in die UNESCO-Liste des Immateriellen Kulturerbes aufgenommen.

GRILLSANDWICH MIT KIMCHI UND KÄSE

Als Jugendliche wollte ich in den USA wie meine Freundinnen und Freunde ein klassisches Grilled-Cheese-Sandwich essen. Meine Mama hat natürlich Kimchi in mein Sandwich gemogelt, was bis heute eines der leckersten Dinge ist, die ich kenne. Vor ungefähr einem Jahr habe ich zusammen mit der Hart Bageri in Kopenhagen ein *kimcheese sandwich* gemacht. Das ist spektakulär lecker. /Kala Sung

Für 2 Sandwiches

4 Scheiben Sauerteigbrot
Butter
6 große Scheiben würziger Hartkäse (z. B. Gruyère)
150 g Kimchi (s. S. 100), (Abtropfgewicht)
2 EL fein gehackter Schnittlauch

1. Eine Grill- oder Bratpfanne bei mittlerer Temperatur erhitzen.

2. Beide Seiten der Brotscheiben mit Butter bestreichen.

3. Zwei der Brotscheiben auf einem Schneidebrett oder der Arbeitsfläche platzieren.

4. Jeweils eine Scheibe Käse auflegen.

5. Das Kimchi etwas zerkleinern und gleichmäßig auf dem Käse verteilen. Mit Schnittlauch bestreuen und dann mit einer weiteren Käsescheibe belegen.

6. Die übrigen Brotscheiben darauflegen und die Sandwiches in die heiße Pfanne geben.

7. Die Sandwiches etwa 3 Minuten von jeder Seite grillen, bis das Brot goldbraun und der Käse geschmolzen ist.

KLASSISCHES KIMCHI

Für die Kimchi-Basis
2 EL Reismehl
100 g Miso-Paste
4 Schalotten
2 Karotten
100 g Rettich
12 g frische Ingwerwurzel
2–3 EL grob gehackter Knoblauch
250 g *gochugaru* (koreanische Chiliflocken)

1 kg Chinakohl
100 g Rettich, geschält
100 g Lauch, der weiße Teil
26 g Salz
200 ml Kimchi-Basis
1 großes steriles Glas (1 ½ l) mit Gummidichtung und Bügelverschluss

1. Für die Kimchi-Basis 500 ml Wasser mit dem Reismehl in einem Topf aufkochen. Stetig umrühren, damit sich keine Klumpen bilden. Die Temperatur reduzieren und die Miso-Paste hinzufügen. Umrühren und 5 Minuten köcheln lassen. Den Topf vom Herd nehmen und die Mischung abkühlen lassen.

2. Die Schalotten abziehen, die Karotten, den Rettich und den Ingwer schälen und alles grob in Stücke schneiden. Alles mit dem Knoblauch in einen Mixer geben und zu Püree verarbeiten. Falls es zäh ist, einen Schuss Wasser zugeben.

3. Das Reismehl-Gemisch, das Gemüsepüree und *gochugaru* in ein steriles Schraubglas füllen. Sorgfältig mischen. Die Kimchi-Basis hält sich 2–4 Wochen im Kühlschrank. Sollte sie erst zu einem späteren Zeitpunkt zum Einsatz kommen, kann sie auch eingefroren werden.

4. Im Anschluss das Kimchi herstellen. Den Chinakohl der Länge nach halbieren.

5. Den Rettich und den Lauch in dünne Stäbchen schneiden. Beides zusammen mit dem Kohl in eine Schüssel geben und das Salz einmassieren. Mindestens 1 Stunde bei Zimmertemperatur ziehen lassen, damit das Gemüse Flüssigkeit abgeben kann. Zwischendurch mischen und den Kohl zusammendrücken.

6. Die Kimchi-Basis gründlich in den Kohl einmassieren. Handschuhe verwenden, um rote Hände zu vermeiden.

7. Das Kimchi in kleinen Portionen in das Glas schichten. Mit einem Kochlöffel drücken, damit alles (auch die Flüssigkeit) Platz findet. Wasser in eine Plastiktüte füllen, verknoten und als Gewicht auf das Kimchi legen, damit alles mit Flüssigkeit bedeckt ist. Den Deckel auflegen und mit dem Bügel verschließen.

8. Das Glas auf einen Teller stellen. Bei Zimmertemperatur 5–7 Tage stehen lassen. Je länger das Kimchi durchzieht, desto säuerlicher wird es.

9. Das Glas in den Kühlschrank stellen und mindestens 1 Woche stehen lassen, damit sich die Aromen entwickeln können.

Tipp: Wer weißes Kimchi herstellen möchte, tauscht ganz einfach die orangenen Karotten gegen weiße und gelbe aus und verwendet gelbe, frische Chilischoten anstelle von *gochugaru*.

Gr.
200
150

»A GUT-SHOT A DAY KEEPS THE DOCTOR AWAY.«

Das hier ist mein allerbester Tipp – zum einen wahnsinnig lecker und zum anderen das Beste, was man für eine gesunde Darmflora und die Gesundheit im Allgemeinen tun kann. Kimchi-Flüssigkeit oder die von anderem fermentiertem Gemüse hat einen salzig-säuerlichen Geschmack, der so lecker ist, dass er süchtig macht, und es ist nahezu unbegreiflich, dass sie gleichzeitig so gesund ist.

Aber wieso genau ist sie so zuträglich für die Gesundheit? Vereinfacht kann man sagen, dass sie wie ein »primer« fungiert. Teils hilft sie dabei, die guten Bakterien zu wecken, die sich bereits im Darm befinden, teils kann sie die Bakterien, die den Darm über andere Nährstoffquellen erreichen, anziehen und stimulieren. /Victoria

BUCHIMGAE MIT KIMCHI

Die Hauptrolle bei diesem koreanischen Pfannkuchen spielt das Kimchi, also entscheiden Sie sich für ein gutes, geschmacksintensives Kimchi, das Sie mögen. Ich habe eine Vorliebe für leicht scharfen *buchimgae*, garniere gerne mit Frühlingszwiebeln, Sesam und eingelegtem Gemüse und tunke ihn in einen salzig-säuerlichen Dip. Versuchen Sie, mit dem zu experimentieren, was Sie zu Hause haben. /Victoria

Für 1 großen Pfannkuchen

Für den Dip
4 EL Sojasauce
2 EL Reisessig
1 EL Sesamöl
1 EL Honig oder Zucker
1 Knoblauchzehe, fein gehackt
1 TL geriebene frische Ingwerwurzel
1 TL Sesamsaat, geröstet
1 TL gehackte Frühlingszwiebel

Für den Pfannkuchen
60 g Weizenmehl Type 405
2 EL Stärke- oder Kartoffelmehl
2 EL Kimchi-Flüssigkeit
100 g Kimchi (s. S. 100)
2 Frühlingszwiebeln
Salz und schwarzer Pfeffer aus der Mühle
1 TL *gochugaru* (koreanische Chiliflocken) oder Piment d'Espelette, je nach Geschmacksintensität des Kimchi
Rapsöl zum Braten

1. Für den Dip alle Zutaten in einer Schüssel vermengen und rühren, bis sich der Honig bzw. der Zucker aufgelöst hat. Die Sauce einige Minuten ziehen lassen, damit sich die Aromen entfalten.

2. Für den Pfannkuchen in einer großen Schüssel das Weizenmehl, das Stärke- bzw. Kartoffelmehl, die Kimchi-Flüssigkeit und 100 ml Wasser zu einem glatten Teig verrühren.

3. Das Kimchi hacken und die Frühlingszwiebeln in Ringe schneiden. Das Kimchi und die Hälfte der Frühlingszwiebelringe zum Pfannkuchenteig geben. 2 Msp. Salz, etwas Pfeffer und *gochugaru* oder Piment d'Espelette hinzufügen.

4. Eine Brat- oder Pfannkuchenpfanne bei mittlerer Temperatur erhitzen. Etwas Öl gleichmäßig in der Pfanne verteilen. Den Teig in die Pfanne gießen und mit der Rückseite eines Löffels oder einem Spatel kreisrund verteilen. 5 Minuten von jeder Seite braten, bis der Pfannkuchen goldbraun und knusprig ist. Sollte die Pfanne zu trocken sein, mehr Öl zugeben.

5. Den Kimchi-Pfannkuchen in Tortenstücke schneiden und mit den übrigen Frühlingszwiebelringen bestreuen. Mit dem Dip servieren.

Austern mit Kimchi und Schnittlauch

Nach einer morgendlichen Tour zum Fischhändler in Simrishamn kamen wir mit ein paar Austern wieder zurück. An diesem Tag fotografierten wir mit Kala alle möglichen Kimchi-Gerichte und konnten dem Drang nicht widerstehen, etwas säuerliches, gereiftes Kimchi auf den Austern auszuprobieren. Es fühlte sich einfach passend an. Noch ein bisschen fein gehackter Schnittlauch obendrauf und es wurde ein Volltreffer. /Pelle

Kimchi-Rezept auf S. 100.

DOSIRAK MIT GEBRATENEM KIMCHI-REIS, SPIEGELEI UND GEMÜSE

Der Begriff *dosirak* bezeichnet eine traditionelle koreanische Lunchbox. Vor zehn Jahren waren sie ein großer Trend in Restaurants. Man zeigt den Gästen hübsch arrangiertes Essen, dann schließt man den Deckel und schüttelt und schüttelt und schüttelt – ein bisschen wie bei einer Show. Die Basis sind Reis, Zwiebeln und Kimchi, die zusammen mit beliebigen Gemüsesorten angebraten werden. Sushi-Reis eignet sich am allerbesten, da er nicht so schnell zerfällt. /Kala Sung

Für 4 Portionen

8 Blätter Schwarzkohl
200 g Kimchi (s. S. 100), (Abtropfgewicht)
1 große Karotte, geschält
8 Stangen grüner oder weißer Spargel, geschält
1 Zwiebel
2 Knoblauchzehen
2 EL frische Ingwerwurzel
6 Frühlingszwiebeln
Rapsöl zum Anbraten
1 EL *gochujang* (koreanische Chilipaste)
300 g gekochter Sushi-Reis (Kurzkornreis)
4 Eier
1 TL Sesamöl
Sesamsaat
essbare Blüten oder frische Kräuter

1. Die Schwarzkohlstiele abschneiden und im Anschluss die Blätter in kleinere Stücke reißen. Das Kimchi hacken und die Karotte in Streifen schneiden. Den Spargel in Stücke schneiden.

2. Die Zwiebel und den Knoblauch abziehen, den Ingwer schälen und alles fein hacken. Die Frühlingszwiebeln in Ringe schneiden und den grünen Teil für die Garnitur aufheben.

3. Zwiebel, Knoblauch, Frühlingszwiebeln und Ingwer bei mittlerer Temperatur in einer großen Pfanne 2 Minuten in Öl anschwitzen.

4. Das *gochujang* untermischen und den Reis sowie das gehackte Kimchi hinzufügen. 5–6 Minuten anbraten.

5. Die Eier bei mittlerer Temperatur mit etwas Öl in einer Pfanne braten. Salzen.

6. Den Spargel in kochendem Wasser blanchieren. Herausnehmen und abtropfen lassen.

7. Den Spargel und die Karottenstreifen in einer Pfanne in Öl anbraten. Sie sollten etwas weicher werden und Farbe annehmen.

8. Sesamöl über den gebratenen Kimchi-Reis träufeln und alles in eine Schüssel oder eine *dosirak* geben. Mit den Eiern, dem Gemüse, dem Sesam sowie mit essbaren Blüten oder frischen Kräutern garnieren.

9. Die Box schütteln, schütteln, schütteln! (Oder alles in einer Schüssel vermengen.)

KIMCHI-JJIGAE MIT GEREIFTEM KIMCHI

Das hier ist im Grunde genommen ein Kimchi-Schmoreintopf. In Korea gilt dieser Eintopf als das perfekte Gericht, wenn man lange durchgezogenes Kimchi aufbrauchen möchte. Traditionell bereitet man ihn sowohl mit gewürfeltem Schweinefleisch als auch mit Tofu zu, aber man kann genauso gut nur Kimchi verwenden. Meistens isst man Kimchi-*jjigae* zusammen mit anderen Gerichten. /Kala Sung

Für 4 Portionen

1 Zwiebel
2 Knoblauchzehen
1 EL Olivenöl
1 *gochujang* (koreanische Chilipaste)
500 g gereiftes Kimchi (s. S. 100)
800 ml Gemüse- oder Hühnerfond, oder *dashi* (s. S. 126)
Salz und schwarzer Pfeffer aus der Mühle
2 Frühlingszwiebeln
1 TL Sesamöl

Serviervorschlag
Reis
Schweinebauch mit weißem Kimchi und Koriander (s. S. 115)
kimbap (s. S. 112)

1. Die Zwiebel und den Knoblauch abziehen. Die Zwiebel in Scheiben schneiden und den Knoblauch fein hacken.

2. In einem großen Topf oder einer Pfanne das Öl bei mittlerer Temperatur erhitzen. Die Zwiebel und den Knoblauch hinzufügen. Einige Minuten anschwitzen, bis alles weich und glasig ist.

3. Das *gochujang* zugeben und einige Minuten mitbraten.

4. Das Kimchi hinzufügen und umrühren. Mit dem Fond ablöschen und alles aufkochen lassen. Im Anschluss die Temperatur reduzieren und 15–20 Minuten köcheln lassen, damit das Kimchi weich wird und sich die Aromen verbinden.

5. Mit Salz und Pfeffer abschmecken.

6. Die Frühlingszwiebeln in Ringe schneiden und den Eintopf damit bestreuen. Mit dem Sesamöl beträufeln und gerne mit einem der oben genannten Serviervorschläge kombinieren.

KIMCHI-KIMBAP

Kimbap bedeutet »in Nori-Blätter eingewickelter Reis«. Kimchi kommt häufig in *kimbap* zum Einsatz. Zudem ist es eine weitere Art, Reste zu verwerten. Meine Mama hat immer verschiedene Gemüsesorten in unserem *kimbap* versteckt, um uns Kinder dazu zu bewegen, mehr Gemüse zu essen. Es war immer ein bisschen spannend, wenn man sich ein ganzes Stück in den Mund schob, wie eine »mystery box«. Die Füllung ist an sich schon so geschmacksintensiv, dass wir sie nie in Sojasauce tunkten. Sie können weniger Reis auf die Nori-Blätter packen und dafür zum Beispiel mehr Gurken- oder Karottenstäbchen, Rührei, Thunfisch, Krabbenfleisch … Wie gesagt – verwenden Sie das, was Sie im Kühlschrank finden! /Kala Sung

Für 4 Portionen

340 g Sushi-Reis (Kurzkornreis)
100 ml Reisessig
2 TL Zucker
1 TL Salz
4 Nori-Blätter

200 g Kimchi (s. S. 100), (Abtropfgewicht)
Schnittlauch und Frühlingszwiebeln
Sesamsaat
4 TL Sesamöl
Salzflocken

1. Den Sushi-Reis mit kaltem Wasser abspülen, bis das Wasser klar wird, und im Anschluss den Reis gemäß Packungsanweisung kochen. Den Reis 10 Minuten ruhen lassen.

2. In der Zwischenzeit die Reisessig-Mischung herstellen. Dafür den Essig in einem kleinen Topf bei geringer Temperatur mit dem Zucker und dem Salz erhitzen, bis sich beides aufgelöst hat. Vom Herd nehmen und abkühlen lassen.

3. Die abgekühlte Reisessig-Mischung über den Reis gießen und vorsichtig mit einem Holzlöffel vermengen, bis der Reis rundum bedeckt ist und Zimmertemperatur angenommen hat.

4. Ein Nori-Blatt auf eine Bambusmatte oder eine saubere Arbeitsplatte legen. Die Hände mit Wasser befeuchten, damit der Reis nicht an den Fingern kleben bleibt. Gut 80 g Sushi-Reis gleichmäßig auf dem Nori-Blatt verteilen und ganz unten einen Rand frei lassen.

5. Das Kimchi hacken und den Schnittlauch sowie die Frühlingszwiebeln in lange Streifen schneiden.

6. Das Kimchi, den Schnittlauch und die Frühlingszwiebeln auf dem oberen Teil der mit Reis bedeckten Fläche verteilen und mit Sesam bestreuen.

7. Das *kimbap* mithilfe der Bambusmatte oder mit den Händen zusammenrollen. Darauf achten, so kompakt wie möglich zu rollen, damit die Zutaten an Ort und Stelle bleiben.

8. Die Rolle mit dem Sesamöl bestreichen und mit Salzflocken bestreuen. Jede *kimbap*-Rolle in kleinere, 1–2 cm dicke Stücke schneiden.

SCHWEINEBAUCH MIT WEISSEM KIMCHI UND KORIANDER

Dieser Schweinebauch war anfangs ein Experiment. Aber als Kala zu Besuch kam, passte er wunderbar zu ihrem Kimchi-*jiggae* von Seite 110. /Pelle

Für 4–6 Portionen

800 g Schweinebauch mit Schwarte
500 g weißes Kimchi (s. S. 100)
500 ml Gemüsefond
2 Knoblauchzehen
1 Bund Koriander
Salzflocken

1. Den Backofen auf 140 °C (Ober-/Unterhitze) vorheizen.

2. Das Fleisch unter fließend kaltem Wasser abwaschen und sorgfältig mit Küchenpapier abtupfen. Mit der Schwarte nach unten in eine ofenfeste Form legen. Das Kimchi und den Gemüsefond hinzufügen. Die Knoblauchzehen leicht zerdrücken und ebenfalls zugeben. Mit Backpapier abdecken und in den Ofen stellen. 3 Stunden garen.

3. Die Form aus dem Ofen nehmen und die Temperatur auf 225 °C erhöhen. Das Fleisch entnehmen und den Kimchi-Fond in eine Schüssel umfüllen. Den Koriander in ebendiese Schüssel legen, mit Folie abdecken und beiseitestellen.

4. Das Fleisch mit der Schwarze nach oben zurück in die Form legen. Mit Küchenpapier abtupfen und die Schwarte mit Salz bestreuen. Erneut in den Ofen stellen und weitere 25–30 Minuten garen, bis die Schwarte knusprig und kross ist.

5. Den Kimchi-Fond rund um das Fleisch herum zurück in die Form gießen und servieren.

WEISSE KIMCHI-SUPPE MIT REISNUDELN

Für 4 Portionen

Für die Kimchi-Bouillon
1 l Gemüsefond
400 ml weißer Kimchi-Saft (s. S. 100)
1 Stück frische Ingwerwurzel (1 cm)
1 TL schwarze Pfefferkörner
1 TL Koriandersamen
1 TL Szechuanpfeffer
1 EL Reisessig
3 Stiele Koriander
Meersalz

2 weiße Karotten
4 Radieschen
100 g dünne Reisnudeln
350 g weißes Kimchi (s. S. 100)
essbare Blüten (z. B. Rucolablüten)

1. Für die Kimchi-Bouillon den Gemüsefond und den Kimchi-Saft aufkochen. Den Ingwer schälen, in dünne Scheiben schneiden und zusammen mit den Pfefferkörnern, den Koriandersamen und dem Szechuanpfeffer hinzufügen. Einige Minuten köcheln lassen und dann vom Herd nehmen. Den Reisessig und den Koriander hinzufügen. Einige Male umrühren, Deckel auflegen und 20 Minuten stehen lassen. In einen Topf abseihen und die Bouillon mit Salz abschmecken.

2. Die Karotten schälen. Wenn die Schale entfernt ist, weiter lange Streifen mit dem Schäler abziehen. In eine Schüssel mit Wasser legen.

3. Die Radieschen mit einem Küchenhobel, einem Schäler oder einem Messer zu dünnen Scheiben verarbeiten. Zu den Karotten in die Wasserschüssel legen.

4. In einem Topf Wasser aufkochen. Die Nudeln hineingeben und die Herdplatte ausschalten. 3 Minuten stehen lassen, abseihen und mit kaltem Wasser abschrecken.

5. Ein Türmchen Nudeln und etwas Kimchi in jede Schüssel geben. Die Karottenstreifen und die Radieschen darauf platzieren und zum Schluss mit der heißen Bouillon übergießen. Mit essbaren Blüten garnieren.

GERÖSTETE SCHWARZKOHLCHIPS MIT KIMCHI-DRESSING

Für die Schwarzkohlchips
200 g Blattkohl
(z. B. Schwarzkohl oder Grünkohl)
1 EL Öl
½ TL Salz

Für das Kimchi-Dressing
2 EL Kimchi-Flüssigkeit (s. S. 100)
2 TL Sesamöl
1 EL Rapsöl
1 EL *gochujang* (koreanische Chilipaste)
1 TL Honig
1 EL Tafelessig (10 %)
1 Knoblauchzehe, fein gehackt
1 EL Sojasauce

frischer Koriander oder Frühlingszwiebelstreifen

1. Den Backofen auf 120 °C (Umluft) vorheizen.

2. Für die Schwarzkohlchips den Blattkohl von den harten Stielen befreien. Das Öl und das Salz mit den Händen einmassieren. Die Kohlblätter auf zwei mit Backpapier ausgelegten Backblechen verteilen, die Blätter sollten nicht überlappen. Im Ofen 20 Minuten trocknen, bis sie komplett knusprig sind.

3. Für das Kimchi-Dressing mit dem Pürierstab alle Zutaten mixen. Vor dem Servieren mindestens 1 Stunde kaltstellen, damit sich die Aromen entfalten.

4. Vor dem Servieren das Dressing noch einmal umrühren. Die Kohlblätter damit beträufeln und mit Korianderblättern oder Frühlingszwiebeln bestreuen.

BEREITEN SIE ZUSÄTZLICHES KIMCHI-DRESSING ZU UND BEWAHREN SIE ES IM KÜHL-SCHRANK AUF.

LECKER ZU VIELEN VERSCHIEDENEN GERICHTEN, WIE ESSENSMAGIE IN DER FLASCHE.
/VICTORIA

MAUVIEL 1830
France

OKONOMIYAKI

Am selben Tag, an dem wir *okonomiyaki* zubereiten wollten, bekamen wir eine Lieferung mit frischen Wasabi-Pflanzen inklusive Wurzel vom Bokeslund-Hof. Niemand von uns hatte jemals echtes, frisches Wasabi probiert. Die Spannung war unerträglich, als wir die knallgrüne Wurzel auf den Kohlpfannkuchen rieben. Der stechende und pfeffrige Geschmack, der auf den süßlichen gebratenen Kohl traf, war ein Volltreffer! Wenn man nicht die Möglichkeit hat, an frischen Wasabi heranzukommen, klappt es selbstverständlich auch mit anständigem Meerrettich. /Victoria

Für 2 Pfannkuchen

180 g Weizenmehl Type 405
1 TL Backpulver
1 TL Salz
200 ml *dashi* (s. S. 126) oder Gemüsefond
4 Eier
300 g Spitzkohl
4 Frühlingszwiebeln
1 EL eingelegte Ingwerwurzel
4 EL Rapsöl

Zum Servieren
okonomiyaki-Sauce
Mayonnaise, vorzugsweise Kewpie
3 Frühlingszwiebeln, in Streifen geschnitten
furikake (s. S. 81)
frisches Wasabi oder frischer Meerrettich, gerieben

1. In einer großen Schüssel das Mehl, das Backpulver und das Salz vermischen. Das *dashi* oder den Fond hinzufügen und alles zu einem glatten Teig verrühren. Dann die Eier unterrühren.

2. Den Kohl und die Frühlingszwiebeln in Streifen schneiden und den Ingwer fein hacken. Alles in den Pfannkuchenteig geben und sorgfältig vermengen.

3. Die Hälfte des Öls in einer Pfanne erhitzen. Dann die Hälfte des Teigs hineingießen. Mit der Rückseite eines Löffels oder einem Teigschaber gleichmäßig verteilen. 3–4 Minuten braten.

4. Den Pfannkuchen wenden und noch einmal 3–4 Minuten braten, bis beide Seiten goldbraun gebacken sind. Mehr Öl hinzufügen, wenn die Pfanne zu trocken erscheint.

5. Die Temperatur auf ein Minimum reduzieren und den Pfannkuchen noch 2–3 Minuten in der Pfanne lassen. Danach herausnehmen und ebenso mit dem restlichen Teig verfahren.

6. Die Pfannkuchen auf Teller legen. Mit *okonomiyaki*-Sauce und Mayonnaise toppen und mit Frühlingszwiebelstreifen und *furikake* bestreuen. Frisches Wasabi oder frischen Meerrettich darüberreiben.

FRITTIERTES KIMCHI MIT GESCHWÄRZTER MAYONNAISE

Für 4 Portionen, als Beilage oder Vorspeise

Für die geschwärzte Mayonnaise
Grün von 3–4 Frühlingszwiebeln
3 schwarze Knoblauchzehen
1 EL schwarzer Essig (Shanxi-Essig)
1 EL Sojasauce
300 g Mayonnaise

600 g Kimchi-Blätter (s. S. 100), (Abtropfgewicht)
Öl zum Frittieren
Salz
Schnittlauchröllchen

1. Für die geschwärzte Mayonnaise den Backofen auf höchstmögliche Temperatur mit Grillfunktion vorheizen. Das Frühlingszwiebelgrün der Länge nach teilen. Sorgfältig abwaschen und abtupfen, es soll gänzlich trocken sein. Auf ein mit Backpapier ausgelegtes Backblech legen und einige Minuten grillen, bis es komplett schwarz ist. Das Grün wenden und weiter grillen, damit auch die andere Seite schwarz wird. Herausnehmen und abkühlen lassen.

2. Das verbrannte Grün zu einem feinen Pulver zermahlen. Danach den Knoblauch, den Essig und die Sojasauce hinzugeben und alles vermengen, bis eine glatte Konsistenz erreicht ist. Die Mischung vorsichtig in die Mayonnaise einrühren.

3. Die Kimchi-Blätter abseihen, sodass so wenig Flüssigkeit wie möglich haften bleibt. Danach auf Küchenpapier ablegen, damit sie so gut wie möglich trocknen.

4. In einer Pfanne mit hohem Rand reichlich Öl erhitzen. Die Öltemperatur sollte 180 °C erreichen und beim Frittieren aufrecht gehalten werden.

5. Einige Schichten Küchenpapier in eine Schüssel legen und neben den Herd stellen. Jeweils 3–4 Kimchi-Blätter 2 Minuten frittieren, bis sie goldbraun und knusprig sind. Unterdessen mit einem Schaumlöffel vorsichtig hin und her bewegen.

6. Die Blätter herausnehmen und auf Küchenpapier abtropfen lassen. Salzen und wenden, sodass sich das Salz gleichmäßig verteilt. Mit Schnittlauch bestreuen und mit der geschwärzten Mayonnaise servieren.

DÜNN GEHOBELTER WEISSKOHL MIT SÄUERLICHEM SOJADRESSING

Diese Beilage habe ich zum ersten Mal in Tokio gegessen. Sie stand fertig auf dem Tisch, als wir uns in ein Yakiniku-Restaurant setzten. Ähnlich wie der klassische schwedische Pizzasalat (s. S. 9 und 82) zog sie mich an, und ich schaffte es, mich fast satt zu essen, bevor alles andere kam. Hier ist sie aus meiner Erinnerung rekonstruiert. /Martin

Für 4 Portionen, als Beilage

½ Kopf Weißkohl, etwa 500 g

Für das Dressing
2 Frühlingszwiebeln
1 rote Chilischote
2 TL geriebene Ingwerwurzel
2 Knoblauchzehen, gepresst
200 ml Sojasauce
3 TL Sesamöl
100 ml Tafelessig (10%)
2 TL Honig

1. Den Weißkohl in so dünne Scheiben wie möglich schneiden. Tipp: einen Küchenhobel verwenden. Den Kohl in eine Schüssel legen.

2. Für das Dressing die Frühlingszwiebeln und die Chilischote in dünne Ringe schneiden. Alle Zutaten für das Dressing in ein Glas geben und mit einer Gabel verquirlen.

3. Das Dressing über den Kohl gießen, vermengen und als Beilage servieren.

Dashi

Für 1 Liter Bouillon

400 g übrig gebliebenes gemischtes Gemüse
(z. B. Kohlblätter, Rettich, Karottenschalen etc.)
20 g *kombu* (Seetang)
6 Stiele Koriander

1. Das Gemüse in einen Topf geben und 2 l Wasser zugießen. Den Topf auf die Herdplatte stellen und bei mittlerer Temperatur aufkochen lassen.

2. Die Temperatur reduzieren, den *kombu* hinzufügen und köcheln lassen, bis sich die Flüssigkeit auf die Hälfte reduziert hat. Den Topf vom Herd nehmen, Korianderstiele hinzufügen und mit aufgelegtem Deckel 20 Minuten ziehen lassen.

3. Durch ein feinmaschiges Sieb oder einen Kaffeefilter in eine Schüssel abseihen, um eine vollkommen klare *dashi*-Bouillon zu erhalten.

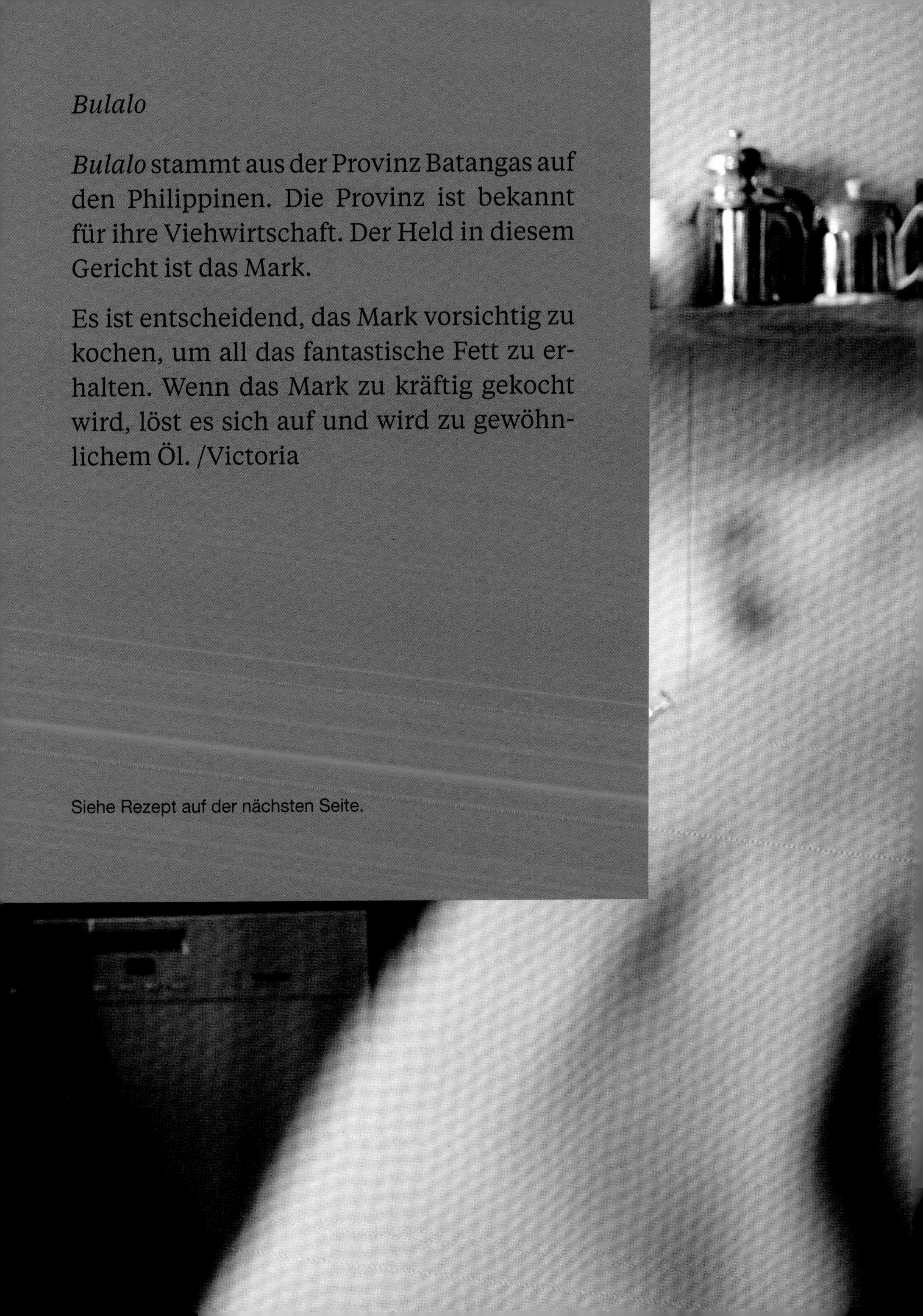

Bulalo

Bulalo stammt aus der Provinz Batangas auf den Philippinen. Die Provinz ist bekannt für ihre Viehwirtschaft. Der Held in diesem Gericht ist das Mark.

Es ist entscheidend, das Mark vorsichtig zu kochen, um all das fantastische Fett zu erhalten. Wenn das Mark zu kräftig gekocht wird, löst es sich auf und wird zu gewöhnlichem Öl. /Victoria

Siehe Rezept auf der nächsten Seite.

BULALO

Für 6 Portionen

1 kg Rinderhesse
700 g Spitzkohl oder junger Weißkohl
2 Maiskolben
700 g festkochende Kartoffeln
2 Zwiebeln
4 Knoblauchzehen
1 EL schwarze Pfefferkörner
1 EL weiße Pfefferkörner
2 EL Fischsauce
Salz und schwarzer Pfeffer aus der Mühle
frischer Koriander für die Garnitur

Für die *sawsawan*-Sauce
1 Tomate
1 rote Zwiebel
2 getrocknete Bird's Eye-Chilischoten
5 schwarze Pfefferkörner
3 EL Sojasauce
1 EL Tafelessig (10 %)
½ EL Calamansi-Saft oder 1 EL Limettensaft
1 TL Rohrzucker

1. Die Rinderhesse gründlich mit kaltem Wasser abspülen. In einen großen Topf legen und mit kaltem Wasser bedecken. Aufkochen und 10 Minuten köcheln lassen. Den Topf vom Herd nehmen und das Wasser abgießen. Das Fleisch erneut abwaschen.

2. Den Backofen auf 150 °C (Ober-/Unterhitze) vorheizen. 1 l Wasser in eine ofenfeste Form gießen und das Fleisch hineinlegen.

3. Den Kohl und den Mais in grobe Stücke teilen. Die Kartoffeln schälen und die Zwiebeln abziehen, beides vierteln. Die Knoblauchzehen abziehen und mit der breiten Seite eines Messers zerdrücken.

4. Den Kohl, die Maiskolben, die Kartoffeln, die Zwiebeln, den Knoblauch und die Pfefferkörner in die Form mit dem Fleisch geben. Ein Backpapier auflegen und die Form in den Ofen stellen. 3 Stunden garen, bis das Fleisch zart ist und sich vom Knochen löst.

5. Für die *sawsawan*-Sauce die Tomate klein würfeln und die Zwiebel abziehen und fein hacken. Die Chilischoten und die Pfefferkörner im Mörser zerkleinern und alle Saucenzutaten mit 2 EL Wasser in einer Schüssel vermengen, bis sich der Zucker aufgelöst hat.

6. Das Fleisch aus dem Ofen nehmen. Den Fond in eine separate Schüssel abseihen und das Fleisch sowie das Gemüse in der Form lassen. Den Fond mit Fischsauce sowie Salz und Pfeffer abschmecken.

7. Den Fond zurück in die Form gießen und alles mit frischem Koriander garnieren. Mit Brot und *sawsawan*-Sauce servieren.

KOHLSALAT MIT SESAMGARNELEN

Eine Farb- und Geschmacksexplosion. Dieser knusprige und aromatische Salat schmeckt so, wie er ist, superlecker, aber auch als Beilage zu Grillfleisch, Hühnchen, Fisch oder mit Sesamgarnelen. Im Hinblick auf die Zubereitung des Dressings ist er etwas aufwendig, deshalb mache ich immer gleich die doppelte Menge Dressing und hebe den Rest im Kühlschrank auf, um mittags schnell Salate aufpimpen zu können. Die Weizenkörner lassen sich gegebenenfalls durch anderes Getreide, roten oder schwarzen Reis oder wieso nicht auch durch Glasnudeln ersetzen. /Victoria

Für 4 Portionen

Für das Dressing

1 Stange Zitronengras
1 Knoblauchzehe
1 Chilischote
8 Blätter frische Minze
Abrieb und Saft von 1 unbehandelten Limette
3 EL Sesamöl
1 EL Weißweinessig
2 ½ EL Sojasauce
1 EL geriebene frische Ingwerwurzel
1 TL Zucker
1 Prise Salz

240 g Garnelen, gekocht und geschält
1 EL Sesamöl
1 EL Sesamsaat, geröstet

240 g Weizenkörner
150 g Rotkohl
200 g Karotten
8 Radieschen
3 Frühlingszwiebeln
150 g Grünkohl
1 EL Öl
Salz
1 Bund Thai-Basilikum
1 Bund frische Minze

1. Für das Dressing das Zitronengras von den äußeren trockenen Blättern befreien. Mit der Rückseite eines Messer kräftig auf die Stange schlagen, um die Aromen hervorzubringen. Im Anschluss bloß den unteren, weißen Teil verwenden und in dünne Streifen schneiden. Der obere, holzigere Teil kann eingefroren und beispielsweise für eine Suppe verwendet werden.

2. Die Knoblauchzehe abziehen und fein hacken. Die Chilischote in dünne Ringe und die Minzblätter in Streifen schneiden.

3. Alle Zutaten für das Dressing miteinander vermengen und umrühren, bis sich der Zucker aufgelöst hat. Stehen lassen, damit sich die Aromen setzen können.

4. Eventuelle Flüssigkeit von den Garnelen abgießen und diese auf Küchenpapier abtropfen lassen. Dann in einer Schüssel mit dem Sesamöl und dem Sesam vermengen. Beiseitestellen.

5. Den Weizen gemäß Packungsanweisung garen. Abtropfen lassen und beiseitestellen.

6. Den Rotkohl in schmale Streifen schneiden. Die Karotten schälen und in lange streichholzartige Streifen schneiden. Die Radieschen in dünne Scheiben und die Frühlingszwiebeln in Streifen schneiden. Der Rotkohl, die Karotten und die Radieschen können bei Bedarf für eine Viertelstunde in Eiswasser gelegt werden, damit sie richtig knackig werden. Danach die Flüssigkeit abgießen und das Gemüse trocken tupfen.

7. Den Grünkohl vom gröbsten Teil des Stiels befreien und die Blätter in 1 cm breite Streifen schneiden. Den Stiel in dünne Streifen schneiden. Das Öl und ½ TL Salz einmassieren.

8. Die Thaibasilikum- und Minzblätter von den Stielen abzupfen.

9. Alle Zutaten für den Salat auf einer Servierplatte vermengen und mit dem Dressing übergießen. Mischen, bis alles gut bedeckt ist.

10. Mit den Sesamgarnelen servieren.

Henrik Ennart,
Wissenschaftsjournalist

»Wenn Grünkohl eine Multivitamintablette wäre, wäre sie nahezu allumfassend. Unter anderem sorgt der Gehalt an den Vitaminen C und K für einen entzündungshemmenden Kick, der Depressionen vorbeugen soll. Außerdem kann Grünkohl Zuckergelüste zügeln und das Abnehmen erleichtern.«

S. S. 132.

WEISSKOHL-ACHAR

Je nachdem, ob es sich um eine junge Kohlsorte mit luftiger Textur oder eine kompakte Wintervariante handelt, kann die Kochzeit ganz schön variieren. Probieren Sie in regelmäßigen Abständen. Rühren Sie dann und wann um, bis der Kohl weich geworden ist, aber immer noch Struktur hat, er darf nicht breiig werden. Diese kleine Beilage kommt ursprünglich aus Malaysia und passt hervorragend zu Gegrilltem.
/Martin

Für 4 Portionen, als Beilage

5 EL Rapsöl
1 Zwiebel, fein gehackt
2 Stangen Sellerie, fein gehackt
3 rote Chilischoten (z. B. Cherry Bomb-Chili), halbiert
5 getrockente Curryblätter
½ TL Kurkuma
1 TL Kümmelsamen
1 TL Selleriesamen
¼ TL Gewürznelken
¼ TL Zimt
¼ TL Piment
½ TL Salz
1 EL Rohrzucker
100 ml Apfelessig
500 g Weißkohl, in Streifen geschnitten
200 g Wachsbohnen
1 TL Senfkörner
35 g Erdnüsse

1. 3 EL Öl in einen auf mittlerer Temperatur erwärmten Topf geben. Die Zwiebel, den Sellerie und die Chilis hinzufügen und vorsichtig 5 Minuten anschwitzen. Umrühren, damit alles weich wird, jedoch keine Farbe bekommt.

2. Die Curryblätter, den Kurkuma, die Kümmel- und Selleriesamen, die Gewürznelken, den Zimt, den Piment und das Salz zugeben und 1–2 Minuten umrühren.

3. 100 ml Wasser über die Mischung gießen und aufkochen lassen.

4. Den Zucker und den Essig hinzufügen, weitere 2 Minuten köcheln lassen und dann den Kohl zugeben. Gut vermengen.

5. Bei mittlerer Temperatur 20 Minuten köcheln lassen. Den Kohl kosten, er soll nicht breiig werden, sondern weiterhin bissfest sein.

6. Wenn der Kohl fertig ist, den Topf vom Herd nehmen und beiseitestellen. Die übrigen 2 EL Öl bei hoher Temperatur in einer kleinen Pfanne erhitzen. Die Wachsbohnen hinzufügen und 1–2 Minuten anbraten. Die Senfkörner und die Erdnüsse zugeben und so lange braten, bis die Senfkörner aufplatzen. Die Mischung im Anschluss über den Kohl geben und alles gut miteinander vermengen.

KOHL AUS DEM WOK MIT KOKOS UND CHILI

Für 4 Portionen, als Beilage

1 kleine frische Kokosnuss
500 g Weißkohl
2 EL Rapsöl
1 TL Senfkörner
Salz
4 grüne Chilischoten, der Länge nach halbiert und von den Samen befreit (Samen aufheben)
1 TL getrocknete Koriandersamen, geröstet und im Mörser zermahlen
½ TL Weizenmehl Type 405
75 ml Milch
1 TL Zucker
Saft und Abrieb von 1 unbehandelten Limette
Cashewkerne oder Erdnüsse
Sesamöl

1. Die Kokosnuss öffnen und aushöhlen. Das Fleisch fein reiben, ein kleines Stück für die Garnitur in dünne Streifen schneiden und beiseitelegen. Den Kohl in Scheiben schneiden.

2. Das Öl bei mittlerer Temperatur in einem Wok oder einer Pfanne mit hohem Rand erhitzen. Die Senfkörner hinzufügen. Wenn sie anfangen aufzuplatzen, den Kohl hinzufügen und salzen.

3. Bei hoher Temperatur unter Rühren anbraten, damit der Kohl an den Rändern Farbe bekommt, dann die Temperatur auf mittlere Stufe verringern. Die Chilischoten, die Koriandersamen und die geriebene Kokosnuss hinzufügen. Im geschlossenen Topf 5 Minuten weitergaren. Das Mehl zugeben und unterrühren.

4. Die Milch, den Zucker sowie den Saft und Abrieb der Limette in die Pfanne geben. Alles zusammen 2–3 Minuten köcheln lassen.

5. Die Kokosnussstreifen mit Cashewkernen oder Erdnüssen über das fertige Gericht streuen. Mit Sesamöl beträufeln und servieren.

Gegrillter Kohlrabi mit Joghurt und Dukkah

Für 4 Portionen, als Fingerfood

500 g Kohlrabi
2 EL Olivenöl
Salz
1 Knoblauchzehe
200 g griechischer Joghurt
2 EL Zitronensaft
½ TL Salzflocken
½ TL schwarzer Pfeffer aus der Mühle
2 EL Dukkah (s. S. 193)

1. Die härtesten Teile der Kohlrabischale entfernen, aber darauf achten, so viel Schale wie möglich zu belassen.

2. Den Kohlrabi je nach Größe halbieren oder vierteln. Mit dem Olivenöl und etwas Salz vermischen.

3. Den Grill für direktes Grillen bei mittlerer Temperatur vorbereiten. Den Kohlrabi 8 Minuten grillen, bis er etwas weicher geworden ist und feine Grillspuren auf allen Seiten bekommen hat.

4. Den Knoblauch abziehen und die Hälfte davon in den Joghurt reiben. Abschmecken, nach Bedarf mehr Knoblauch hineinreiben. Zitronensaft, Salz und Pfeffer hinzufügen und vermengen.

5. Den Joghurt in Klecksen auf einem Servierteller verteilen und den gegrillten Kohlrabi daneben platzieren. Mit Salzflocken und Dukkah bestreuen.

KOHL
von Karolina Ramqvist

Ich bekam die Anfrage an einem der ersten frühsommerlichen Tage. Ich hatte gerade die Kinder in der Schule abgeliefert und war auf dem Weg nach Hause, um mich an die Arbeit zu machen. Draußen war es warm und auf den Gehwegen eng, die Leute eilten umher, fast strauchelnd, den Kinderwagen schiebend oder mit dem Handy oder der Laptoptasche in der Hand. Diese Anfrage war die Art von Anfrage, die ich normalerweise, ohne zu zögern, abgelehnt hätte, aber irgendetwas führte nun dazu, dass ich sie in Erwägung zog. Eine Erinnerung war in mir aufgekeimt; ich nahm eine Trägheit und Wärme wahr und die schwachen, eingebildeten Düfte von Haut und Erde und Blut.

An der Kreuzung bei dem kleinen Park vor unserem Haus blieb ich stehen, ich bat um Bedenkzeit und beendete das Gespräch, stopfte das Handy und meine Kopfhörer in die Tasche, drehte mich um und begann, in die andere Richtung zu laufen, in Richtung des Supermarkts ein paar Viertel weiter, der an eine kleine Markthalle erinnerte und zu dem auch ein Restaurant und eine Espressobar gehörte. Draußen standen ein paar niedrige Holzbänke, auf denen man selten jemanden sitzen sah, und drinnen gab es Kühlschränke mit Säften und Kokoswasser und fertigen Salaten in kleinen Behältern. Es gab eine Fischtheke und eine mit Fleisch und Käse und Wurstwaren, und weiter innen befand sich das Café, in dem Teekannen, Cappuccinotassen und Porzellanteller mit belegten Broten und Croissants auf Marmortischplatten standen, und es war voll mit Menschen, die sich zum Frühstücksmeeting trafen oder alleine an ihren Laptops arbeiteten. Manchmal saß ich auch dort und arbeitete, wenn ich beim Schreiben

Menschen um mich haben wollte, aber jetzt ging ich stattdessen in die Gemüseabteilung. Dort war ausgewähltes junges Gemüse in Holzkisten platziert, darüber grün-weiß-gestreifte Markisen, wie um den Eindruck eines ländlichen Bauernmarkts zu erwecken, obwohl wir kaum weiter von einem solchen hätten entfernt sein können.

Ich ging vor zu den Kohlköpfen, die dort lagen, blieb stehen und sah sie mir an, in der Hoffnung, das würde mir dabei helfen zu verstehen, an was mich die Anfrage erinnert hatte. Aber die Erinnerung war so diffus, mehr ein Gefühl, das geweckt wurde, als ein klares Bild, und als ich versuchte, es einzufangen, löste es sich nur immer weiter auf. Die Kohlköpfe sahen wirklich perfekt aus. Auf jedem Einzelnen lagen die äußersten Blätter blank und matt mit verschlungenen Adern und sanft welligen Ausbuchtungen, und ich dachte, dass es etwas gewesen sein könnte, das ich gelesen hatte, das mir diese Erinnerung an etwas Kraftvolles und gewissermaßen Ursprüngliches bescherte, das ich nicht greifen konnte, ich nahm es als etwas wahr, das tief in mir selbst und doch weit von mir entfernt lag.

Ich dachte an Anna Karenina und an den Kohl in einem Roman von Stina Aronson, aber das war es nicht. Vielleicht etwas, was ich vor langer Zeit gelesen hatte? In Kinderbüchern hatte das Essen oft einen anderen Stellenwert gehabt als in den Büchern, die ich als Erwachsene gelesen habe. Ich dachte an die weiten Kohlfelder des Bauern in Richard Adams »Unten am Fluss« und an die Kohlsuppe in Roald Dahls Erzählung über Charlie und die Schokoladenfabrik, diese wässrige Suppe, die zum Symbol für die Armut der Familie wird. Ich erinnerte mich daran, wie meine Großmutter mir geschrieben hatte, als ich klein war, wie leid sie Kohl als Kind war, weil sie damals andauernd Kohlgerichte vorgesetzt bekamen, während des Ersten Weltkriegs, als in Schweden Nahrungsknappheit herrschte.

Aber wie ich auch versuchte, mir Wörter und Sätze in Erinnerung zu rufen, konnte ich das, was der Gedanke an Kohl in mir auslöste, nicht mit etwas in Verbindung bringen, das ich gelesen hatte, und als ich erneut den Blick über die Kohlköpfe schweifen ließ, die dort im Laden vor mir lagen, wurde mir schlagartig klar, dass ich vielleicht wollte, dass es etwas Besonderes mit Kohl auf sich hatte, weil ich mich der Aufgabe annehmen wollte; weil ich Geld brauchte natürlich, aber auch deshalb, weil ein solcher Schreibauftrag mir eine kleine Frist setzen würde.

Ich hatte vor Kurzem einen Roman veröffentlicht und seit einiger Zeit versucht, mit einem neuen anzufangen, den ich lange hatte schreiben wollen, gegenüber dem ich jedoch auch ein starkes Gefühl des Widerstands empfand. Von all den ungeschriebenen Büchern, die in mir auf Halde lagen, war es dasjenige, das mich am meisten zweifeln ließ. Es sollte vom Essen handeln, von meiner Kindheit, ausgehend von meinen Erinnerungen an Essen und Kochen in meiner Familie, aber ich wusste nicht, ob es möglich sein würde, ein derartiges Buch zu schreiben. Es fühlte sich auf gewisse Weise verboten an, aus etwas so Alltäglichem wie Essen Literatur zu machen, und das war wohl auch der Grund, weswegen ich dieses Angebot in Betracht zog, da etwas über Kohl zu schreiben mir vielleicht dabei helfen würde, meine verurteilenden Gedanken im Hinblick auf das Schreiben und all die peinliche Unsicherheit, die sie verursachten, zu brechen.

Gleichzeitig konnte ich das Gefühl nicht abschütteln, dass es eben doch etwas mit Kohl zu tun hatte. Ich streckte meine

Hand aus und berührte einen der Kohlköpfe. Es waren nur ein paar, die dort lagen, neben den Haufen von Mairüben und langen verbeulten Ackerbohnen, und als ich darüber nachdachte, hatte ich hier wohl noch nie irgendjemanden diese Gemüsesorten kaufen sehen, solche, die eine bestimmte Art der Zubereitung erforderten. Ein Kunstwerk, das ich einmal gesehen hatte, kam mir in den Sinn, ich zog die Hand zurück, nahm mein Handy heraus und tippte den Titel ein: »Spätsommertag – Auf den Kohlfeldern«.

Im selben Moment wurde auf meinem Handydisplay das Bild angezeigt, ein Gemälde der schwedischen Künstlerin Gerda Roosval-Kallstenius, das sie 1891 im Alter von 26 Jahren in Le Pouldu in der Bretagne fertiggestellt hatte. Es war im selben Jahr im Salon de Paris ausgestellt worden und vierzig Jahre später in Liljevalchs Kunsthalle in Stockholm. Dort hatte es den Namen »Auf den Bohnenfeldern« erhalten, was ich merkwürdig fand, weil hier ohne Zweifel ein Kohlanbaugebiet abgebildet war. Blattkohl ragte in langen Reihen in die Höhe, Blätter streckten sich in alle Richtungen und flossen wie grüne Wellen ineinander.

Ich zoomte näher an die Pinselstriche heran, die die Blätteroberfläche formten und sich wie kleine Löckchen aus Gold, Gelb, Blau, Braun und Türkis kräuselten, und als ich mich an den Vergrößerungen satt gesehen hatte, sah ich mir das ganze Motiv noch einmal an, das Pastell am Himmel und die Landschaft rundherum, das Spiel zwischen den Schatten und dem Licht im Bild, das alles so lebendig machte.

Hinter dem Feld war ein gewundener Pfad und ein weiteres ergrüntes Kohlfeld auszumachen, drei Feldarbeiterinnen, beschäftigt mit der Ernte, und auf der Grasfläche im Vordergrund eine weitere Frau in Arbeitskluft, sitzend und auf ein

Kind hinabblickend, das auf ihrem Schoß schläft. Ein Mädchen, vielleicht ein Jahr alt. Kallstenius sollte in den folgenden zehn Jahren zwei Söhne und eine Tochter zur Welt bringen, aber als sie die Kohlfelder malte, hatte sie keine Kinder.

An was dachte ich, wenn ich an Kohl dachte? Einige wenige Leute schlenderten mit Einkaufskörben in den Händen um mich herum. Sie griffen sich kleine Gläser mit sauren Gurken und frische Himbeeren und Kirschtomaten, nahmen Flaschen mit hübsch designten Labels aus den Regalen oder wählten mit Bedacht Gebäck und Käse aus. Vielleicht war es das Gemälde, das mich verstehen ließ. Ich sah mir das Licht an, das auf das Gesicht des Kindes und die geschlossenen Lider fiel, die Füße, die so schlaff dalagen, das Gewicht des kleinen Körpers auf dem Oberschenkel der Frau. Ich dachte mir, dass das Kind vielleicht bei ihr war, weil sie niemanden hatte, der sich darum kümmern konnte, während sie arbeitete, beziehungsweise war es vielleicht auch gar nicht ihr Kind, sondern eines, auf das sie aufpassen sollte, das sich daran gewöhnt hatte, auf ihrem Schoß genauso gerne einzuschlafen wie auf dem der eigenen Mutter.

Ich wusste nicht viel über Gerda Roosval-Kallstenius, aber ich wusste, dass das Kohlfeld-Gemälde zu ihren bekanntesten Werken gehörte, die alle in den Jahren entstanden waren, bevor sie eine Familie mit einem anderen Künstler gründete, der berühmter wurde als sie, obwohl sie diejenige von beiden war, die mit den großen Freiluftmalern der Zeit verglichen wurde. Ich legte das Handy erneut weg, nahm einen Weißkohlkopf und hob ihn hoch, hielt ihn in meinen Händen. Er war kühl auf meiner Haut, starr und schwer von dem Wasser, das die Blätter hielten, und ich fühlte ihre Adern deutlich an meinen Handflächen. Was nicht passte, war die Kühle, die weichen Blätter waren kalt, aber ich hatte doch etwas Warmes gefühlt, meine vage Erinnerung war eine Erinnerung an etwas Heißes und Pulsierendes. Ich legte den Kohlkopf zurück zwischen die beiden anderen, nahm mein Handy erneut heraus, ging nach draußen und setzte mich auf die Holzbank in der Sonne. Ich schirmte den Bildschirm mit der Hand ab und suchte nach einem YouTube-Clip, einer Szene aus einem Stummfilm einer Französin, an deren Namen ich mich nicht hatte erinnern können, den ich nun jedoch Schwarz auf Weiß sah: Alice Guy Blaché gilt als erste weibliche Filmregisseurin, die einzige weibliche Filmemacherin in den Anfängen der Filmkunst, und ihr Film »La Fée aux Choux« war der erste, der nach einer geschriebenen Vorlage aufgenommen wurde. Die hatte sie, ausgehend von dem französischen Ammenmärchen darüber, wie Kinder entstehen – aus Kohlköpfen –, verfasst. Oder nein, Jungen werden aus Kohl geboren, Mädchen aus Rosenknospen. Der Clip zeigte die Fee in Gestalt einer Frau, die sich leichtfüßig und tanzend zwischen den Kohlkopfreihen auf dem Feld bewegte und Säuglinge hochhob, die sie in die Kamera hielt und dann auf den Boden legte.

Ich hatte einmal eine Ausstellung über Guy Blaché im *The Whitney Museum* in New York gesehen, jetzt las ich ein paar Abschnitte über etwas, bei dem ich mich erinnerte, damals daran hängen geblieben zu sein, wie ihre bahnbrechende Arbeit in Vergessenheit geraten war, sodass sie nie die Anerkennung erfahren hatte, die ihr zugestanden hätte. Das war eine bekannte Geschichte, aber es war auch wohlbekannt, dass Institutionen, die viele Jahre nach deren Tod die Werke weiblicher Künstlerinnen beleuchteten, eher den Eindruck vermittelten, sie würden diesen Frauen einen Gefallen tun, als dass sie ihre Pflicht gegenüber der Allgemeinheit und der Kunstgeschichte erfüllten. Ich fragte mich, wie Alice Guy Blaché die Entscheidung getroffen hatte, das Märchen über die Kohlfee zu verfilmen, und wie Gerda Roosval-Kallstenius ihr Motiv ausgewählt hatte.

Ich wollte wissen, ob die beiden die gleiche Schuld empfunden hatten, wie ich sie empfand über die Entscheidungen, die ich traf, ob sie die gleichen wirren Gedanken gehabt hatten darüber, was wichtig war und was nicht. Ob sie das gleiche dringliche Gefühl gehabt hatten, sich richtig zu entscheiden und die gleichen Schwierigkeiten, ihrem Schaffensdrang nachzugehen. Wieso schämte ich mich für das, was ich schreiben wollte? Meine Großmutter hatte es geliebt zu kochen, vielleicht, weil sie es geliebt hatte, eine eigene Familie und eine eigene Küche zu haben nach vielen Jahren der Arbeit in anderen Küchen, als Magd. Meine Mutter allerdings hatte Kochen als etwas angesehen, von dem sich Frauen fernhalten sollten, und ich war mit diesen grundverschiedenen Idealen aufgewachsen. Ich schämte mich für mein Interesse an Essen und meine Vorstellung, dass Essen etwas über das Leben erzählte.

An diesem Morgen hatte ich außerdem einen langen Artikel über die Ausbreitung des Neofaschismus in Europa gelesen. Wieso sollte ich über Kohl schreiben, wenn etwas Derartiges passierte? Wieso sollte ich über meine Erlebnisse in Bezug auf Essen oder überhaupt irgendetwas schreiben, wenn die Welt war, wie sie war, so unmöglich und voller Gewalt? Ich stand von der Bank auf und ging zurück ins Geschäft. Der Frühstücksandrang war vorbei, und es war fast leer da drin. Ich ging nach vorne und nahm den Kohlkopf erneut hoch, und da kam es mir.

Meine Erinnerung rührte nicht von einem Werk her, von dem ich Kenntnis genommen hatte, es war nichts, das ich gesehen oder gelesen hatte. Ganz im Gegenteil, es hatte mit alledem zu tun, das nicht geschrieben worden war, ich konnte mich nicht einmal erinnern, ob ich mit jemandem darüber gesprochen hatte, aber jetzt ging es mir auf, dass ich einmal genau so wie jetzt mit einem Weißkohlkopf dagestanden hatte, der sich kalt in meinen Händen angefühlt hatte. Die Hitze war von mir selbst ausgegangen, von meinem eigenen Körper. Es war spätnachts gewesen, viele Jahre zuvor, ich war warm vom steigenden Fieber aufgewacht und nass von Schweiß und Milch, die auf das Laken gelaufen war, und neben mir hatte ein neugeborenes Kind gelegen, das meines war. Sie lag ganz ruhig auf dem Rücken und schlief, nur der Brustkorb hob sich leicht bei jedem Atemzug, den sie nahm, und auf ihren Wangen waren Spuren von weißer, getrockneter Milch. Es stach in der Brust, als ich daran dachte. Während ich geschlafen hatte, hatte sie sich selbst versorgt, ihr Saugen hatte dazu geführt, dass meine Brüste sich mit Milch gefüllt und eine komplett neue Form angenommen hatten, die grotesk war. Sie waren so groß und hart, dass ich mich kaum bewegen konnte, es scheuerte in den Achseln und war heiß und spannte in der Brust, die eine war flammend rot und entzündet, und es fühlte sich an, als würde sie abfallen oder als müsste ich sie abschneiden, um den Schmerz loszuwerden.

Es war mir gelungen, mich an der Bettkante aufzusetzen, ohne die Kleine aufzuwecken, die ungerührt weiterschlief, und trotz der Stickigkeit im Zimmer und trotz des Fieberdrucks waren die Gedanken, die mich überfielen, so klar, klar und beängstigend. Ich fragte mich, was ich getan hatte. Wieso hatte ich ein Kind bekommen? Ich war in die Küche gegangen, hatte einen Weißkohlkopf im Kühlschrank gefunden, ihn herausgenommen und Blatt für Blatt abgerissen. Die Blätter hatte ich mir auf die Brüste gelegt und über ihnen meinen BH geschlossen, und danach war ich zurück ins Bett gegangen und war mit den Kohlblättern auf der Haut eingeschlafen. Als ich sie am nächsten Morgen herausnahm, waren sie warm und aufgeweicht, kleine Streifen von mit Blut vermischter Milch waren auf das Weiß und das Hellgrün gelaufen, und die Schwellung in der Brust war zurückgegangen. Die Rötung war gemindert, und es tat nicht mehr so weh. Es war nicht der Kohlkopf, an den ich dachte, wenn ich an Kohl dachte. Was mich heimsuchte, war der Schmerz meiner eigenen Verwandlung und die Unwiderruflichkeit des gesamten Reproduktionsprozesses. Es war sinnlos, ein Kind in eine ohnehin überbevölkerte Welt zu setzen, und als die Milch weiterlief, offenbarte sich diese Realität für mich in ihrer ganzen Unbarmherzigkeit. Im Chaos kam die Einsichtigkeit, wenn diese Erkenntnis denn eine Einsicht war. Wie es sich damit verhält, kann ich immer noch nicht sagen, aber es sollte sich zeigen, dass es etwas war, was viele Frauen kannten, es war vielen widerfahren, die vor mir Kinder bekommen hatten, nur hatte ich davon nichts gehört, nie darüber gelesen.

Als ich nun mehrere Jahre später dort im Lebensmittelgeschäft stand und an die Dunkelheit dieser Nacht zurückdachte, fühlte es sich so merkwürdig an, dass ich mich in einer Situation befunden hatte, in der das Dasein so voller Leben und gleichzeitig so trostlos war, wo sich die Existenz mit einem Schlag mit Sinn füllte und im selben Moment entleerte – und dass sich diese Erfahrung in alles andere eingekapselt hatte, sich unter Schichten von Eindrücken und Einflüssen von allem in der Welt verborgen hatte, das zu dem gehörte, über das gesprochen und geschrieben wurde. Es war absurd, dass etwas so Grauenvolles auf diese Weise hatte untergehen können, bis die Erinnerung daran im Prinzip verschwunden war.

Ich hielt weiterhin den Kohlkopf, und als ich hinunter auf meine Hände blickte, sah ich, dass sein Gewicht meine Knöchel weiß hatte werden lassen. Wie lange hatte ich damit so gestanden? Als ich aufblickte, sah ich die Verkäuferin, eine junge Frau, die drüben an der Kasse stand und in meine Richtung schaute. Ich wollte den Kohlkopf gerade zurück zu den anderen legen, aber als ich bemerkte, wie sie mich prüfend zu mustern schien, hielt ich ihn weiter fest und trug ihn zu ihr nach vorne. Sie lächelte, als sie ihn entgegennahm, als würde sie einen Kommentar zu seinem Gewicht machen wollen, von dem sie wusste, dass ich es auch wahrgenommen hatte. Dann legte sie den Kohlkopf auf die Waage und wog ihn, wartete, bis ich meine Karte durch das Lesegerät gezogen hatte und legte ihn dann vorsichtig in eine große Papiertüte mit dem aufgedruckten Logo des Geschäfts.

Ich nahm die Tüte entgegen, spürte das Gewicht in der Hand, trat auf den Gehweg hinaus und machte mich wieder auf den Heimweg.

SÜDEUROPA IST
DIE WIEGE DES
KOHLS MIT EINER
UNGLAUBLICHEN
VIELFALT AN
SORTEN UND
ZUBEREITUNGS-
WEISEN.

SÜDEN

KOHLRABI-CARPACCIO

Für 4 Portionen, als Vorspeise

Für das Kräuteröl
500 ml Rapsöl
100 g Spinat
50 g frische Kräuter (z. B. Dill, Schnittlauch, Petersilie, Basilikum oder je nach Saison gerne auch Bärlauch)
1 knapper TL Salz

Für das Carpaccio
1 EL Zitronensaft
1 EL Olivenöl
1 Msp. Salz
35 g Haselnusskerne, geschält
500 g Kohlrabi
1 EL Bärlauchkapern
1 EL Kräuteröl
1 Bund frische Zitronenverbene (alternativ Zitronenmelisse)
Salzflocken und schwarzer Pfeffer aus der Mühle

1. Für das Kräuteröl das Öl auf 70 °C erhitzen. Den Spinat, die Kräuter (Blätter + Stiele) und das Salz mischen und in einen Mixer geben.

2. Das Öl zugießen und auf höchster Stufe mindestens 2 Minuten fein pürieren, bis das Kräuteröl komplett glatt ist.

3. Durch ein feines Sieb streichen. Die feste Kräutermasse aufheben, z. B. für ein Pesto oder Saucen. Das Öl in einer Glasflasche im Kühlschrank aufbewahren. Es hält sich 2 Wochen.

Tipp: Das Kräuteröl mit einem Schuss Essig oder Zitronensaft sowie Salz und Pfeffer vermengen, das ergibt ein leckeres grünes Salatdressing.

4. Für das Carpaccio den Zitronensaft, das Olivenöl und das Salz verrühren. Das Zitronenöl beiseitestellen.

5. In einer Pfanne ohne Öl die Haselnüsse anrösten, bis sie goldbraun sind. Herausnehmen und grob hacken.

6. Die härtesten Teile der Kohlrabischale entfernen. Im Anschluss den Kohlrabi mithilfe eines Küchenhobels oder eines scharfen Messers in sehr dünne Scheiben schneiden.

7. Die Kohlrabischeiben wellenförmig auf einem Servierteller anrichten. Gleichmäßig mit Zitronenöl beträufeln.

8. Mit den Bärlauchkapern und den Haselnusskernen bestreuen und mit dem Kräuteröl beträufeln.

9. Mit Zitronenverbene, Salzflocken und Pfeffer garnieren.

GEDÄMPFTER ROMANESCO MIT GELBER TOMATENSAUCE UND GEKLÄRTER BUTTER

Es gibt viele verschiedene Arten von Dampfgarern, aber ich ziehe die aus Bambus vor. Daraus ergibt sich ein besonderer Geschmack. Sollten Sie keinen haben, können Sie selbstverständlich ein Sieb in einen Topf mit kochendem Wasser einsetzen und einen Deckel auflegen. /Martin

Für 4 Portionen

Für die Tomatensauce
600 g gelbe Tomaten
1 Zwiebel
2 Knoblauchzehen
3 EL Weißweinessig
2 EL Olivenöl
Salz und schwarzer Pfeffer aus der Mühle

1 Romanesco
Olivenöl
Salz

Zum Servieren
150 ml geklärte Butter
frische Kräuter

1. Den Backofen auf 175 °C (Ober-/Unterhitze) vorheizen.

2. Für die Tomatensauce die Tomaten halbieren. Die Zwiebel und den Knoblauch abziehen und halbieren. Alles in eine große, ofenfeste Form legen. Den Weißweinessig und das Olivenöl darübergießen, mit Salz und Pfeffer würzen und 1 Stunde im Ofen garen, bis das Gemüse komplett weich ist und an den Rändern Farbe bekommen hat.

3. Aus dem Ofen nehmen, alles in eine Schüssel umfüllen und glatt mixen. Die Tomatensauce durch ein grobmaschiges Sieb passieren. Mit Salz, Pfeffer und evtl. mehr Essig abschmecken.

4. Den Dampfgarer vorbereiten.

5. Den Romanesco vom Strunk befreien und in kleinere Teile brechen. Röschen und Blätter in den Dampfgarer legen. Mit Olivenöl beträufeln, salzen und den Deckel auflegen. 5 Minuten garen.

6. Die Tomatensauce aufkochen und mit einem Schneebesen verrühren, damit sie nicht stockt.

7. Die Tomatensauce auf tiefe Teller verteilen. Die Romanesco-Röschen und -Blätter in der Tomatensauce anrichten. Mit der geklärten Butter beträufeln und mit frischen Kräutern garnieren.

SOUPE AUX CHOUX

Dieser rustikale Klassiker ist in vielerlei Hinsicht ein treuer Diener und ein Held der französischen Küche. Die Zubereitungsweise und die Zutaten variieren abhängig von der Region, in der man sich befindet. Hier bereiten wir eine vegetarische Variante zu, normalerweise ist es üblich, dass das Rezept Schweinebauch und Hühnerfond enthält. Aber wie gesagt, beliebt ist es in all seinen Facetten, die Suppe hat sogar die Hauptrolle in einem französischen Film von 1981 gespielt, »La Soupe aux Choux«. Als ein Alien versehentlich auf der Erde landet, wird ihm diese Suppe angeboten, und er liebt sie. Der Rest ist eine leicht verrückte Geschichte über Männerfreundschaft, Trunkenheit, Kohlpupse, noch mehr Aliens, die Wiederauferstehung einer alten Frau und die Liebe zu Kohlsuppe. /Martin

Für 4 Portionen

1 kleiner Kohlkopf, Spitzkohl oder Wirsing (500 g)
3 festkochende Kartoffeln
2 Karotten
1 große Schalotte
2 Knoblauchzehen
2 EL Butter
1 l Gemüse- oder Hühnerfond
4 Zweige frischer Thymian
2 Lorbeerblätter
Salz und schwarzer Pfeffer aus der Mühle

1. Den Strunk und die äußeren Blätter des Kohls entfernen. Das Kohlherz leicht kneten, damit es aufgeht. Das funktioniert am besten bei einer jungen, zarten Sorte. Bei einer kompakten Herbstvariante empfiehlt es sich, den Kohl in kleinere Stücke zu schneiden.

2. Die Kartoffeln und die Karotten schälen und in gleich große Stücke schneiden. Die Schalotte abziehen und in Spalten schneiden. Den Knoblauch abziehen und fein hacken.

3. In einem großen Topf die Butter bei mittlerer Temperatur erhitzen. Die Schalotte und den Knoblauch hinzufügen und einige Minuten sautieren, bis beides weich und glasig ist.

4. Die Karotten und die Kartoffeln in den Topf geben. Das Gemüse einige Minuten sautieren, damit es weich wird und die Aromen der anderen Zutaten aufnimmt.

5. Den Fond, den Thymian und die Lorbeerblätter hinzufügen. Umrühren und aufkochen lassen.

6. Den Kohl zur Suppe geben. Die Temperatur reduzieren und 20–25 Minuten köcheln lassen, bis das Gemüse zart ist und sich die Aromen gut miteinander verbunden haben.

7. Die Suppe mit Salz und Pfeffer abschmecken.

8. Die Suppe auf Schüsseln verteilen. Dazu kann Brot gereicht werden. Außerdem ist es sehr lecker, Stücke vom Brot abzureißen und diese kurz vor dem Servieren in die Suppe zu legen.

CALDO VERDE

Caldo verde ist eine portugiesische Kohlsuppe und ein wichtiger Bestandteil der traditionellen portugiesischen Küche. Ich erinnere mich noch, wie positiv überrascht ich war, als ein Freund mich auf diese rustikale und einfache Suppe eingeladen hat. Die zerkochten Kartoffeln, die für eine breiartige Bouillon sorgten, und der Geschmack des milden und nussigen Wirsings und der aromatischen, fettreichen Wurst. Simple Kombinationen, die einfach zu einer wunderbar aufeinander abgestimmten Sinfonie zusammenfinden. Selbstverständlich können Sie dieses Gericht auch ohne Wurst zubereiten, probieren Sie es einmal mit kräftig gegrillten Paprikastücken und einer extra Prise Piment d'Espelette. /Victoria

Für 4–6 Portionen

1 Zwiebel
3 Knoblauchzehen
2 + 3 + 1 EL Olivenöl
Salz
4 große mehligkochende Kartoffeln
1,2 l Gemüse- oder Hühnerfond
400 g Wirsing
schwarzer Pfeffer aus der Mühle
1 TL getrockneter Salbei
2 TL Piment d'Espelette
(alternativ ein anderes, milderes Chiligewürz)
300 g frische Chouriços (portugiesische Schweinswürste)
oder spanische Chorizo

Sauerteigbrot

1. Die Zwiebel und den Knoblauch abziehen und fein hacken. In einem großen Topf – gerne aus Gusseisen – 2 EL Öl mit einer Prise Salz bei mittlerer Temperatur erhitzen. Die Zwiebel und den Knoblauch langsam anschwitzen.

2. Die Kartoffeln schälen und in 2 cm große Stücke schneiden. In den Topf geben und mit dem Fond ablöschen.

3. Kochen, bis die Kartoffeln komplett weich sind. Im Anschluss verquirlen, um eine cremig-breiartige Konsistenz zu erreichen.

4. Den Kohl in feine Streifen schneiden und zügig bei hoher Temperatur in 3 EL Öl anbraten. Er soll Farbe bekommen. Danach in den Topf geben. Die Suppe mit Salz und Pfeffer abschmecken und den Salbei sowie fast die gesamte Menge Piment d'Espelette hinzufügen, eine Prise für die Garnitur aufheben. Die Herdplatte ausschalten und den Topf mit einem Deckel verschließen.

5. Die Wurst in Scheiben schneiden und in einer Pfanne in 1 EL Öl knusprig anbraten. Die Wurst in den Topf geben und das Chouriço-Öl aufheben.

6. Die Suppe auf tiefen Tellern anrichten, mit dem Chouriço-Öl beträufeln und mit Piment d'Espelette bestreuen. Mit Sauerteigbrot servieren.

STAUB

SARDINEN MIT KOHLSALAT

Für 2 Portionen, als Häppchen oder Vorspeise

40 g gemischte Kohlblätter
(z. B. Grünkohl, Rosenkohl und Wirsing)
Olivenöl
1 Msp. Salz
1 kleine Schalotte
einige Blätter Petersilie
shiso-Kresse oder eine andere Kressesorte (optional)

120 g Sardinen in Öl
2 Zitronenspalten
2 große Scheiben Sauerteigbrot

1. Den gröbsten Teil des Stiels von den Kohlblättern abschneiden. Die Blätter in gleich große Stücke reißen. Falls Rosenkohl verwendet wird, müssen erst die äußeren braunen Blätter abgezupft werden, bevor die schönen Blätter verwendet werden können.

2. Den Kohl in eine Schüssel legen und das Öl einmassieren. Das Salz hinzufügen und alles vermischen.

3. Die Schalotte abziehen und in dünne Ringe schneiden. Die Ringe werden noch milder und knackiger, wenn sie 10 Minuten in Eiswasser gelegt werden.

4. Die Kohlblätter mit den Zwiebelringen, der Petersilie und nach Belieben mit *shiso*-Kresse bestreuen.

5. Mit den Sardinen, einer Zitronenspalte und Sauerteigbrot servieren.

DREIERLEI VARIANTEN MARINIERTER KOHL

Für den in Bier marinierten Spitzkohl
400 g Spitzkohl
5 Knoblauchzehen
2 TL Salz
1,2 l Bier
2 Lorbeerblätter
1 Rispe Weintrauben
1 TL schwarze Pfefferkörner
4 Stiele/Zweige frische Kräuter (z. B. Oregano, Basilikum, Thymian oder Rosmarin)

Für den in Rotwein marinierten Rotkohl
400 g Rotkohl
5 Knoblauchzehen
2 TL Salz
700 ml Rotwein
30 g getrocknete Cranberrys
1 Lorbeerblatt
4 Stiele/Zweige frische Kräuter (z. B. Basilikum, Thymian oder Rosmarin)

Für den in Roséwein marinierten Weißkohl
400 g Weißkohl
4 Knoblauchzehen
2 TL Salz
30 g Sultaninen
1 Vanilleschote
700 ml Roséwein
Abrieb von 1 unbehandelten Zitrone
1 großer Stiel Zitronenverbene (alternativ Zitronenmelisse)

1. Den Kohl in Streifen schneiden. Die Knoblauchzehen abziehen und mit der breiten Seite eines Messers auf einem Schneidebrett zerdrücken.

2. Den Kohl und das Salz in eine Schüssel geben und mit den Händen kneten. Die restlichen Zutaten sowie 400 ml Wasser hinzufügen. Vermengen und mit einem Deckel oder Frischhaltefolie abdecken. Über Nacht im Kühlschrank ziehen lassen.

Miesmuscheln mit in Bier mariniertem Spitzkohl

Für 4 Portionen

2 kg frische Miesmuscheln, küchenfertig
in Bier marinierter Spitzkohl (s. S. 164)
2 EL Butter
Salz und schwarzer Pfeffer aus der Mühle
frische Kräuter (z. B. Petersilie, Dill oder Kerbel)

1. Die Muscheln leicht gegen die Arbeitsfläche klopfen; kaputte und geöffnete Exemplare wegwerfen.

2. Den marinierten Spitzkohl in einem Sieb abtropfen lassen und die Flüssigkeit auffangen.

3. Einen großen Topf (mit Deckel) auf mittlere Temperatur erhitzen. Die Butter hineingeben und den Kohl einige Minuten anbraten, damit er Farbe bekommt.

4. Die Kohlflüssigkeit hinzufügen und aufkochen lassen. Die Muscheln zugeben und den Deckel auflegen. Im geschlossenen Topf bei hoher Temperatur etwa 5 Minuten köcheln lassen, bis die Muscheln vollständig geöffnet sind (geschlossene Exemplare aussortieren). Mit Salz und Pfeffer abschmecken.

5. Mit frischen Kräutern bestreuen und servieren.

GEGRILLTER THUNFISCH MIT GEBRATENEM, IN ROTWEIN MARINIERTEM ROTKOHL

Für 4 Portionen

4 Thunfischfilets à 100 g
Olivenöl
Salz
in Rotwein marinierter Rotkohl (s. S. 164)
2 EL Butter
Knoblauchblüten oder Frühlingszwiebeln
Salzflocken und schwarzer Pfeffer aus der Mühle

1. Die Thunfischfilets mit Olivenöl und Salz einreiben. Bei Zimmertemperatur 30 Minuten ziehen lassen.

2. Den marinierten Rotkohl in einem Sieb abtropfen lassen und die Flüssigkeit auffangen. Eine Pfanne bei mittlerer Temperatur erhitzen. Die Butter in die Pfanne geben und den Rotkohl einige Minuten anbraten, bis er Farbe bekommen hat.

3. Mit der Hälfte der Kohlflüssigkeit ablöschen und reduzieren, bis die gesamte Flüssigkeit verkocht ist. Die restliche Kohlflüssigkeit kann bis zur Verwendung in einem anderen Gericht im Kühlschrank aufbewahrt werden.

4. Eine Grill- oder Bratpfanne auf hohe Temperatur erhitzen oder den Grill anfeuern. Den Thunfisch zügig von beiden Seiten grillen, damit er schöne Grillränder bekommt, innen aber noch roh ist.

5. Den Fisch mit dem heißen, frisch angebratenen Rotkohl servieren und mit Knoblauchblüten oder Frühlingszwiebeln, Salzflocken und Pfeffer garnieren.

Herzmuscheln mit in Roséwein mariniertem Weißkohl

Für 4 Portionen

2 kg Herzmuscheln oder Venusmuscheln
Salz
in Roséwein marinierter Weißkohl (s. S. 164)
2 EL Butter
Salz und schwarzer Pfeffer aus der Mühle

1. Die Muscheln in kaltes, mit einer Handvoll Salz versetztes Wasser legen. 1 Stunde ziehen lassen. Das Wasser gerne nach 30 Minuten austauschen und mehr Salz zugeben. Wenn sie im Salzwasser liegen, öffnen sich die Muscheln, weil sie sich zu Hause fühlen, und entledigen sich des Sandes, der sich eventuell noch im Inneren befindet.

2. Im Anschluss die Muscheln sorgfältig unter fließend kaltem Wasser abspülen. Kaputte und geöffnete Exemplare wegwerfen.

3. Den marinierten Weißkohl in einem Sieb abtropfen lassen und die Flüssigkeit auffangen.

4. Einen großen Topf (mit Deckel) auf mittlere Temperatur erhitzen. Die Butter hineingeben und den Kohl einige Minuten anbraten, damit er Farbe bekommt.

5. Die Kohlflüssigkeit hinzufügen und aufkochen lassen. Die Muscheln zugeben und den Deckel auflegen. Im geschlossenen Topf bei hoher Temperatur etwa 5 Minuten köcheln lassen, bis die Muscheln vollständig geöffnet sind (geschlossene Exemplare aussortieren). Mit Salz und Pfeffer abschmecken.

CHOUCROUTE

Für 4 Portionen

500 g gepökeltes Schweinefleisch (z. B. Bauchspeck)
500 ml Hühnerfond
Salz und schwarzer Pfeffer aus der Mühle
2 Lorbeerblätter
1 Bund frischer Thymian
500 g Sauerkraut
1 Zwiebel
2 Knoblauchzehen
2 EL Butter
3 Wacholderbeeren
200 ml trockener Weißwein
6 festkochende Kartoffeln
4 Bratwürste oder Wiener

Zum Servieren
frische Petersilie, fein gehackt
Dijonsenf
Sauerteigbrot

1. Den Backofen auf 160 °C (Ober-/Unterhitze) vorheizen.

2. Das Fleisch mit der Fettseite nach oben in eine ofenfeste Form legen. Mit 300 ml Fond übergießen, er sollte bis zur Hälfte des Fleischstückes reichen. Das Fleisch mit Salz und Pfeffer würzen und die Lorbeerblätter sowie den Thymian hinzufügen. Mit Backpapier abdecken und das Fleisch im Ofen 2–2 ½ Stunden garen. Fällt es beim Drücken mit einer Gabel etwas auseinander, ist es fertig.

3. Das Sauerkraut abseihen und ausdrücken, um so viel Flüssigkeit wie möglich herauszubekommen. Die Flüssigkeit für ein Dressing oder einen *gut shot* aufheben.

4. Die Zwiebel und den Knoblauch abziehen, die Zwiebel in Scheiben schneiden und den Knoblauch fein hacken.

5. In einem großen Topf die Butter bei mittlerer Temperatur schmelzen. Die Zwiebel und den Knoblauch hinzufügen und anschwitzen, bis sie weich und glasig sind.

6. Das Sauerkraut, die Wacholderbeeren und den Wein zugeben und 15 Minuten reduzieren lassen.

7. Die Kartoffeln schälen und in 2–3 cm große Stücke schneiden. Die Wurst in kleine Stücke schneiden. Beides in den Topf geben.

8. Den restlichen Fond zugießen, die Temperatur reduzieren und 15–20 Minuten köcheln lassen, bis die Kartoffeln gar sind.

9. Das Fleisch aus der Form nehmen und in Scheiben schneiden. Mit Salz und Pfeffer würzen.

10. Das Fleisch mit dem Sauerkraut, der Wurst und den Kartoffeln servieren. Mit Petersilie bestreuen und mit Dijonsenf und Sauerteigbrot servieren.

GESCHMORTER WIRSING MIT FONTINA

Für 4 Portionen

4 Zwiebeln
2 + 4 Knoblauchzehen
1 EL frischer Thymian
2 + 2 EL Butter
1 EL Weißweinessig
1 Wirsing
200 ml Gemüsefond
2 Scheiben Brot
4 EL geriebener Parmesan
1 EL Olivenöl
200 g *Fontina* (norditalienischer Hartkäse), in 1 cm große Würfel geschnitten
1 EL frischer Thymian mit Blüten für die Garnitur

1. Den Backofen auf 200 °C (Ober-/Unterhitze) vorheizen.

2. Die Zwiebeln und zwei der Knoblauchzehen abziehen. Die Zwiebeln in Scheiben schneiden und den Knoblauch fein hacken. Den Thymian ebenso fein hacken.

3. Die Zwiebeln mit 2 EL Butter in einen kalten Topf geben. Im geschlossenen Topf bei mittlerer Temperatur erhitzen und 30–40 Minuten sautieren, bis sie schön weich sind. Nach einer Weile beginnen die Zwiebeln, Flüssigkeit abzugeben, und wenn sie in ihrem eigenen Saft köcheln, intensivieren sich die Aromen. Alle 5 Minuten umrühren und darauf achtgeben, dass nichts anbrennt. Sollten die Zwiebeln zu trocken werden, kann der Essig schon früher hinzugefügt werden.

4. Den Knoblauch und den Thymian in den Topf geben und mit dem Essig ablöschen. Die Temperatur erhöhen und 20 Minuten kräftig reduzieren lassen. Häufig umrühren, wenn zum Ende hin fast die gesamte Flüssigkeit einreduziert ist.

5. Den Wirsing in vier gleich dicke Scheiben schneiden, von oben nach unten zum Strunk hin. Die übrigen 2 EL Butter in einer Pfanne bei mittlerer Temperatur zerlassen. Die Kohlscheiben hineinlegen und 5 Minuten von jeder Seite anbraten, sodass sie gerade Farbe bekommen. Die Temperatur etwas erhöhen und mit dem Gemüsefond ablöschen. Weitere 2 Minuten köcheln lassen.

6. Die Brotscheiben in grobe Stücke reißen. Die Brotstücke, den Parmesan und das Olivenöl in eine Schüssel geben und sorgfältig mit den Fingern vermengen.

7. Die Zwiebel-Knoblauch-Mischung in eine ofenfeste Form geben. Den Wirsing darauf platzieren und mit dem *Fontina*-Käse und den Brotstücken bestreuen.

8. Vier Knoblauchzehen leicht andrücken und ebenso in die Form legen. Im Ofen 10–15 Minuten backen, bis das Brot knusprig und der Käse geschmolzen ist.

9. Mit frischem Thymian bestreuen und servieren.

SPAGHETTI ROMANESCO MIT SARDELLEN UND BURRATA

Meine erste Erinnerung an diesen hübschen italienischen Kohl ist gedämpfter Romanesco, gedippt in *bagna cauda*, eine italienische Dip-Sauce, die vor allem aus Knoblauch und Sardellen besteht. Hier treffen dieselben Aromen aufeinander, wenn auch in einer Variation mit Spaghetti, Sardellen, Kapern und Zitrone. /Victoria

Für 4 Portionen

1 kleiner Romanesco (400 g)
1 Zwiebel
3 Knoblauchzehen
7 Sardellenfilets in Öl
100 + 100 ml Rapsöl
einige Blätter frischer Salbei
100 g Kapern (Abtropfgewicht)
300 g Spaghetti
Salz
Saft und Abrieb von 1 unbehandelten Zitrone
75 g geriebener Parmesan
schwarzer Pfeffer aus der Mühle
2 Kugeln Burrata oder Büffelmozzarella
gutes Olivenöl zum Beträufeln

1. Den Romanesco in kleinere Röschen zerteilen. Den Strunk in kleine Stücke schneiden.

2. Die Zwiebel und den Knoblauch abziehen und fein hacken. Die Sardellenfilets fein hacken.

3. In einer Pfanne 100 ml Rapsöl bei hoher Temperatur erhitzen. Die Salbeiblätter im Öl einige Minuten von beiden Seiten frittieren, bis sie eine leicht goldbraune Farbe angenommen haben. Vorsichtig herausnehmen und auf Küchenpapier abtropfen lassen. Die Kapern in demselben Öl frittieren, bis sie goldbraun und knusprig sind. Zum Abtropfen auf Küchenpapier legen.

4. Die Pfanne auswischen und die übrigen 100 ml Öl hineingeben. Den Romanesco einige Minuten scharf anbraten, bis er eine goldbraune Oberfläche hat, jedoch kaum weicher geworden ist.

5. Die Temperatur auf niedrige Stufe reduzieren und die Zwiebel sowie den Knoblauch hinzufügen. Einige Minuten anschwitzen, bis die Zwiebel glasig ist. Die Sardellen zugeben und 2 Minuten anbraten, bis sie beginnen, sich aufzulösen und Geschmack abgeben. Warmhalten.

6. Die Pasta in großzügig gesalzenem Wasser al dente kochen. Dann etwa 200 ml Nudelwasser abschöpfen. Den Rest abgießen und die gekochte Pasta in die Pfanne geben.

7. Zitronensaft, 50 ml Nudelwasser und 50 g Parmesan hinzufügen und alles gut vermengen und erhitzen. Nach 30 Sekunden vom Herd nehmen. Nach Belieben mehr Nudelwasser hinzufügen. Mit Salz und Pfeffer abschmecken.

8. Burrata oder Mozzarella in Stücken auf der Pasta verteilen. Mit Salbei, Zitronenabrieb, Kapern und dem übrigen Parmesan bestreuen und mit gutem Olivenöl beträufeln.

AUF HEU GEBACKENER SPITZKOHL MIT CANNELLINI-BOHNEN

Als ich klein war, habe ich mal in Südfrankreich auf Heu gebackenes Hähnchen gegessen. Die Idee, etwas auf Heu zu backen, ist seitdem hängen geblieben, und ich wollte immer schon das Grundprinzip testen, allerdings mit einem Kohlkopf. Bei dem coolen Aufbau wird der Kohl sowohl geröstet als auch gedämpft, und der nach Heu duftende Cidre in den sahnigen Bohnen ist ganz einfach magisch lecker. /Martin

Für 4 Portionen

Heu für den Topf
1 großer Spitzkohl
500 ml Cidre
1 Knolle Knoblauch
1 TL Salzflocken
1 Msp. schwarzer Pfeffer aus der Mühle

Für die Cannellini-Bohnen
2 EL Rapsöl
2 Schalotten, fein gehackt
2 Knoblauchzehen, fein gehackt
1 EL Weißweinessig
1 EL Walnussmus
600 g gekochte Cannellini-Bohnen
100 g flüssige Sahne
100 ml Gemüsefond
200 ml Flüssigkeit aus dem Heutopf

1. Den Backofen auf 200 °C (Ober-/Unterhitze) vorheizen.

2. In einem großen Topf die Hälfte des Heus wie ein Vogelnest arrangieren; es sollte sich luftig anfühlen. Den Kohl darauflegen und den Cidre zugießen – dabei darauf achten, dass der Kohl nicht in der Flüssigkeit liegt. Die Knoblauchzehen von der Knolle lösen, leicht andrücken und um den Kohl verteilen. Mit Salz und Pfeffer würzen.

3. Das restliche Heu und dann einen Deckel auflegen. Darauf achten, dass der Deckel komplett aufliegt. Den Topf 1 Stunde in den Ofen stellen, die Kerntemperatur des Kohls soll gerade über 80 °C liegen. Den Topf aus dem Ofen holen, den Kohl entnehmen und beiseitelegen. Die im Heutopf befindliche Flüssigkeit abseihen und für die Bohnen 200 ml aufheben.

4. Für die Cannellini-Bohnen das Öl in einem Topf bei mittlerer Temperatur erhitzen. Schalotten und Knoblauch darin farblos anschwitzen. Den Essig und das Walnussmus hinzufügen und gut unterrühren. Die Bohnen zugeben und weiter rühren, bis sich alles gut vermischt hat. Die Sahne sowie den Fond und die 200 ml Flüssigkeit aus dem Heutopf zugießen. Dann bei niedriger Temperatur köcheln lassen, bis die Sauce reduziert und cremig ist.

5. Den Kohl vierteln und auf einem Bett aus cremigen Cannellini-Bohnen servieren.

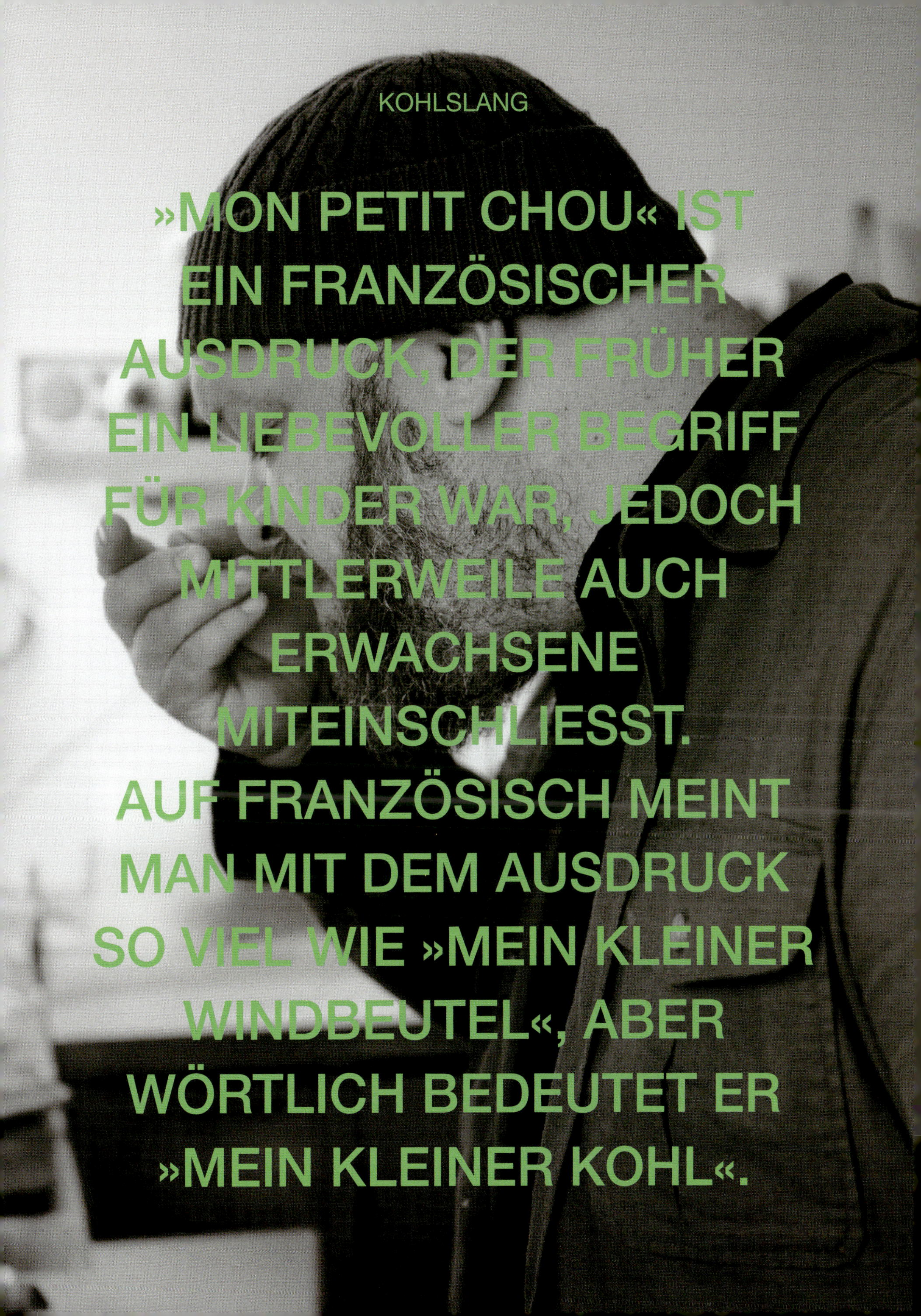

»MON PETIT CHOU« IST EIN FRANZÖSISCHER AUSDRUCK, DER FRÜHER EIN LIEBEVOLLER BEGRIFF FÜR KINDER WAR, JEDOCH MITTLERWEILE AUCH ERWACHSENE MITEINSCHLIESST. AUF FRANZÖSISCH MEINT MAN MIT DEM AUSDRUCK SO VIEL WIE »MEIN KLEINER WINDBEUTEL«, ABER WÖRTLICH BEDEUTET ER »MEIN KLEINER KOHL«.

RISOTTO MIT WIRSING

Für 4 Portionen

800 ml Gemüse- oder Hühnerfond
2 EL Butter
200 ml Olivenöl
1 Zwiebel, fein gehackt
2 Knoblauchzehen, fein gehackt
360 g Arborio-Reis (alternativ anderer Risotto-Reis)
200 ml trockener Weißwein
500 g Wirsing
3 Tomaten
Salz und schwarzer Pfeffer aus der Mühle
150 g geriebener Parmesan
1 Handvoll abgezupfte Blätter von frischen Kräutern
(z. B. Thymian, Oregano und Basilikum), einige Blätter für die Garnitur aufheben
2 Frühlingszwiebeln, in Streifen geschnitten
gutes Olivenöl zum Beträufeln

1. Den Fond in einem Topf erhitzen und bei geringer Temperatur warm halten.

2. Die Butter in einem Topf mit dickem Boden oder in einer Pfanne zerlassen. Die Hälfte des Olivenöls zugeben und die Zwiebel sowie den Knoblauch darin anschwitzen, bis alles weich und glasig ist, jedoch keine Farbe bekommen hat.

3. Den Reis zugeben und gut umrühren. 2 Minuten anbraten, bis der Reis glänzt und leicht transparent ist. Dann mit dem Weißwein ablöschen.

4. Nach und nach den heißen Gemüsefond zugießen. Mit 300 ml beginnen und ab und an umrühren, bis die Flüssigkeit absorbiert ist. Danach mit jeweils 100 ml auf diese Weise weiterverfahren, bis der Reis weich und cremig ist. Das dauert etwa 20 Minuten.

5. Unterdessen den Wirsing der Länge nach halbieren. Die eine Hälfte in vier Spalten schneiden, dabei den Strunk nicht abschneiden. Die andere Hälfte vom Strunk befreien und in Streifen schneiden. Die Tomaten auf einer Küchenreibe reiben, bis nur noch die Haut übrig bleibt.

6. In einer Pfanne bei hoher Temperatur 50 ml Olivenöl erhitzen. Die Wirsingstreifen scharf anbraten, sodass sie Farbe bekommen und weicher werden. Mit Salz und Pfeffer würzen und zusammen mit den geriebenen Tomaten und 125 g Parmesan zum Risotto geben. Im geschlossenen Topf warmhalten.

7. Weitere 50 ml Olivenöl in die heiße Pfanne geben und die Wirsingspalten anbraten, sodass beide Schnittflächen eine schön gebräunte Oberfläche bekommen. Mit Salz und Pfeffer würzen und den Herd ausschalten.

8. Den Risotto abschmecken und bei Bedarf mit mehr Fond verdünnen. Er sollte eine dickflüssige Konsistenz haben, auf keinen Fall sollte es zu einem kompakten Brei werden.

9. Die Kräuter untermischen und den Risotto mit den Frühlingszwiebeln, dem restlichen Parmesan und den übrigen dekorativen Kräutern garnieren. Mit gutem Olivenöl beträufeln und mit den gebratenen Wirsingspalten servieren.

9.47

CHOU FARCI MIT CHAMPIGNONHACK

Ich teile wirklich Pelles Faszination für dieses Gericht, das epischste aller französischen Kohlgerichte. Ich hatte immer großen Respekt davor, vor den Bildern aus Guide-Michelin-Restaurants mit architektonisch perfekten Kuppeln aus Wirsing und mit der Pinzette platzierten Kräutern, die dafür gesorgt haben, dass ich mich nicht rangetraut habe. Natürlich sollte es aber trotzdem mit ins Buch, und um mich noch mehr herauszufordern, wollte ich es in einer vegetarischen Variante zubereiten. Es zeigte sich, dass der Trick in einer Schüssel mit rundem Boden, Frischhaltefolie und Kühlzeit liegt, während der die Füllung und die Kohlblätter ein bisschen durchziehen können. Danach halten sie zusammen und bilden am Ende perfekte Kuppeln.

/Martin

Für 4 Portionen

1 großer Wirsing
2 Zwiebeln
2 EL Butter + mehr zum Einfetten
1 EL Apfelessig
1 EL fein gehackte getrocknete Steinpilze
600 g Champignons
2 EL Rapsöl
1 EL Calvados
2 EL Semmelbrösel
1 TL gemahlener Piment
5 Prisen Muskatnuss
1 TL frischer Oregano
Salz und schwarzer Pfeffer aus der Mühle
200 ml Gemüsefond
4 Knoblauchzehen
400 g Kirschtomaten

1. In einem großen Topf Wasser zum Kochen bringen und den Wirsing hineinlegen. 10 Minuten kochen, bis die Blätter weich sind. Den Kohl herausnehmen und etwas abkühlen lassen.

2. Während der Kohl abkühlt, die Füllung zubereiten. Die Zwiebeln abziehen und mit der Butter in einen kalten Topf geben. Im geschlossenen Topf bei mittlerer Temperatur erhitzen und 30–40 Minuten sautieren, bis sie schön weich sind. Nach einer Weile beginnen die Zwiebeln, Flüssigkeit abzugeben, und wenn sie in ihrem eigenen Saft köcheln, intensivieren sich die Aromen. Alle 5 Minuten umrühren und darauf achtgeben, dass nichts anbrennt. Sollten die Zwiebeln zu trocken werden, kann der Essig schon früher hinzugefügt werden.

3. Die getrockneten Steinpilze in den Topf geben und mit dem Essig ablöschen. Die Temperatur erhöhen und 15 Minuten kräftig reduzieren lassen. Häufig umrühren, wenn zum Ende hin fast die gesamte Flüssigkeit einreduziert ist. Den Topf vom Herd nehmen und beiseitestellen.

4. Die Champignons in ½ cm große Würfel schneiden. Das Öl bei hoher Temperatur in einer Pfanne erhitzen. Die Pilze zugeben und kräftig anbraten, damit sie Farbe bekommen. Mit Calvados ablöschen und reduzieren lassen. Flambieren kann zu diesem Zeitpunkt eine richtig gute Idee sein, ist aber kein Muss. Im Anschluss die Pfanne vom Herd nehmen und die Pilze abkühlen lassen.

5. Die abgekühlten Champignons mit der Zwiebelmischung, den Semmelbröseln, Piment, Muskat und Oregano in einer Schüssel vermischen. Mit Salz und Pfeffer abschmecken.

6. Die äußeren Wirsingblätter entfernen und beiseitelegen. Den Strunk abschneiden und ein Blatt nach dem anderen abzupfen. Darauf achten, dass die Blätter ganz bleiben.

7. Eine kleine Schüssel mit rundem Boden mit Frischhaltefolie überziehen. Dann ein Kohlblatt auflegen und hinunterdrücken, damit sich das Blatt an die Form der Schüssel anschmiegt. Einen Klecks Füllung in der Mitte des Kohlblattes platzieren. Die Frischhaltefolie so herausnehmen, dass sie das Kohlpäckchen umschließt und eine Kugel entsteht. Die Folie eng eindrehen, damit die Kugel kompakt wird. Mit den übrigen Blättern ebenso verfahren. Die Kugeln in den Kühlschrank legen, gerne über Nacht. So halten sie später schön zusammen.

8. Den Backofen auf 180 °C (Ober-/Unterhitze) vorheizen. Die Frischhaltefolie von den *Chou-farci*-Kugeln entfernen. Eine ofenfeste Form mit Butter einfetten und die Kugeln mit der Naht nach unten hineinlegen. Mit dem Gemüsefond übergießen. Die Knoblauchzehen andrücken und zusammen mit den Tomaten hinzufügen. Die Form mit Alufolie abdecken und im Ofen 40 Minuten garen.

9. Die Folie entfernen und die Temperatur auf 200 °C erhöhen. Weitere 10–15 Minuten rösten, bis der Kohl goldbraun ist. Mit den Tomaten und etwas Sud anrichten und servieren.

LAMMKOTELETTS MIT KOHLBLÄTTERN, CHERMOULA, DUKKAH UND LABNEH

Für 4 Portionen

1 kg Lammkoteletts
50 ml Olivenöl
Salz

Für die Chermoula
1 weiße Zwiebel
1 große Knoblauchzehe
1 Handvoll frische Minze
1–2 Handvoll frischer Koriander
(der Stiel muss nicht entfernt werden)
1 Handvoll frische Petersilie
1 grüne Chilischote
½ TL ganzer Kreuzkümmel
½ TL Paprikapulver
Abrieb von 1 unbehandelten Zitrone
(den Saft für die Kohlblätter verwenden)
50 ml Olivenöl
Salz

Dukkah (s. S. 193)

Für die massierten Kohlblätter
200 g gemischte zarte Kohlblätter
(z. B. Schwarzkohl, Grünkohl oder Rosenkohl)
1 ½ EL Olivenöl
2 TL Zitronensaft
½ TL Salz

225 g Labneh (libanesischer Frischkäse)
Fladenbrot (optional)

1. Die Lammkoteletts 30 Minuten vor dem Grillen aus dem Kühlschrank nehmen.

2. Für die Chermoula die Zwiebel und den Knoblauch abziehen und fein hacken. Die frischen Kräuter mitsamt Stiel sowie die Chilischote fein hacken.

3. In einer Pfanne ohne Öl den Kreuzkümmel bei mittlerer Temperatur anrösten, bis er beginnt, zu duften. Grob zermahlen.

4. In einer Schüssel alle Zutaten für die Chermoula vermengen. Mit Salz abschmecken.

5. Für die massierten Kohlblätter den gröbsten Teil der Stiele abschneiden.

6. Die Kohlblätter in grobe Stücke reißen und das Olivenöl, den Zitronensaft und das Salz einmassieren.

7. Das Labneh mit einer Gabel zu einer geschmeidigen, cremigen Masse verrühren. In eine Schüssel umfüllen.

8. Die Lammkoteletts mit Olivenöl und Salz einreiben.

9. Die Koteletts bei hoher Temperatur 3 Minuten von jeder Seite grillen und, mit Backpapier abgedeckt, 5 Minuten ruhen lassen. Auf einem Servierteller platzieren.

10. Die Chermoula in Klecksen auf den Lammkoteletts verteilen und die Kohlblätter danebenlegen. Großzügig mit Dukkah bestreuen und mit Labneh und nach Belieben leicht gegrilltem Fladenbrot servieren.

GERÖSTETER SCHWARZKOHL MIT HARISSA, JOGHURT UND DUKKAH

Im Normalfall entferne ich den harten Teil des Stiels beim Schwarzkohl, aber in diesem Fall hat er eine Funktion bekommen – als Stäbchen zum Festhalten, wenn man die knusprigen Harissa-Chips in den erfrischenden Salzjoghurt dippt. /Victoria

Für 4 Portionen, als Snack

1 EL Öl
½ TL Salz
200 g Schwarzkohl, gewaschen und abgetrocknet

Für die Dukkah-Mischung
45 g Mandelkerne
1 TL Koriandersamen
½ TL ganzer Kreuzkümmel
1 geröstetes Kohlblatt
30 g Sonnenblumen- oder Kürbiskerne, geröstet
2 EL Sesamsaat, geröstet
1 TL Piment d'Espelette (alternativ ein anderes, milderes Chiligewürz)
½ TL getrockneter Oregano oder Bärlauch
1 TL Salz

2 TL Harissa
1 TL Honig
3 EL Öl
200 g griechischer Joghurt
Salz

1. Den Backofen auf 120 °C (Ober-/Unterhitze) vorheizen.

2. Das Öl und das Salz in die Schwarzkohlblätter einmassieren. Die Blätter auf ein mit Backpapier ausgelegtes Blech legen, sie sollen nicht überlappen. In den Ofen stellen und 20 Minuten trocknen, bis sie komplett knusprig sind.

3. Für die Dukkah-Mischung eine Pfanne ohne Öl bei mittlerer Temperatur erhitzen und die Mandeln sowie die Koriandersamen hineingeben. 3 Minuten rösten. Den Kreuzkümmel hinzufügen und weitere 2–3 Minuten unter Rühren rösten. Darauf achten, dass nichts anbrennt. Vom Herd nehmen und beiseitestellen.

4. Das geröstete Kohlblatt in Stücke reißen und in einen Mixer geben. Die restlichen Zutaten hinzufügen und so lange in kurzen Intervallen mixen, bis kleinere Stücke entstanden sind, das Blatt jedoch nicht fein gemahlen ist. In ein Schraubglas umfüllen und trocken aufbewahren.

5. Harissa mit Honig und Öl vermengen. Die Schwarzkohlchips mit der Mischung einpinseln.

6. Den Joghurt mit etwas Salz würzen. Einen Klecks Joghurt auf einen Servierteller geben und mit der Rückseite eines Löffels verteilen, sodass der gesamte Teller bedeckt ist.

7. Die Kohlchips darauf platzieren und mit Dukkah bestreuen.

CREMIGE POLENTA MIT KNUSPRIG GEBRATENEM SCHWARZKOHL

Für 4 Portionen

175 g Polenta
1 l Gemüsefond
30 g Butter
300 g Schwarzkohl
2 Knoblauchzehen
100 ml Olivenöl
Salzflocken
Saft von ½ Zitrone
100 + 25 g geriebener Parmesan
schwarzer Pfeffer aus der Mühle
gutes Olivenöl zum Beträufeln

1. Die Polenta mit Gemüsefond nach Packungsanweisung zubereiten. Die Butter einrühren und im geschlossenen Topf ruhen lassen.

2. Die Kohlstiele abschneiden. Die Stiele in dünne Streifen schneiden, die Blätter in etwas breitere. Den Knoblauch abziehen und fein hacken.

3. In einer Pfanne das Olivenöl bei hoher Temperatur erhitzen.

4. Die Kohlstiele und -blätter in mehreren Durchgängen unter Rühren knusprig anbraten. Salzen.

5. Die Temperatur reduzieren und den Knoblauch hinzufügen. Weitere 2–3 Minuten braten, bis der Knoblauch weich ist, jedoch keine Farbe bekommt. Mit dem Zitronensaft beträufeln und beiseitestellen.

6. 100 g Parmesan und bei Bedarf noch etwas Fond in die Polenta einrühren. Die Konsistenz sollte cremig sein. Die Hälfte des angebratenen Kohls zugeben und vorsichtig vermengen.

7. Zum Servieren den restlichen Kohl auf der Polenta platzieren, mit den übrigen 25 g Parmesan, Salzflocken und Pfeffer bestreuen und mit gutem Olivenöl beträufeln.

PIMPEN SIE WIE
IN DER TOSKANA
IHRE POLENTA MIT
EINER HANDVOLL
KNUSPRIG
GEBRATENEM
SCHWARZKOHL
AUF. /MARTIN

SPITZKOHL AUS DEM OFEN MIT BUTTER UND FENCHELSAMEN

Für 4 Portionen

1 großer, junger Spitzkohl
2 EL Rapsöl
4 EL Butter
Salz
2 weiße Zwiebeln
2 EL gehackte Petersilie
2 TL Fenchelsamen
schwarzer Pfeffer aus der Mühle
Spanischer Kerbel

1. Den Backofen auf 200 °C (Ober-/Unterhitze) vorheizen.

2. Den Spitzkohl von den grünen Außenblättern befreien. Diese in dünne Streifen schneiden und beiseitelegen. Den übrigen Kohl der Länge nach vierteln.

3. Das Öl bei hoher Temperatur in einer Pfanne erhitzen. Den Kohl so anbraten, dass jeweils beide Schnittflächen Farbe bekommen. Die Pfanne vom Herd nehmen.

4. Den Spitzkohl mit den Schnittflächen nach oben in eine ofenfeste Form legen. 1 EL Butter in Flöckchen auf jedem Stück verteilen, leicht salzen und 20–30 Minuten im Ofen rösten. Der Kohl sollte weich sein.

5. Die Zwiebeln abziehen und in dünne Scheiben schneiden. Die Pfanne erneut auf den Herd stellen, jetzt bei mittlerer Temperatur. Wenn nötig, etwas mehr Öl zufügen. Die Zwiebeln anschwitzen, bis sie weich sind. Dann die grünen Spitzkohlstreifen, die gehackte Petersilie und die Fenchelsamen zugeben. 5 Minuten garen und mit Salz und Pfeffer abschmecken.

6. Einige Kerbelblätter auf jeden Teller legen und großzügig mit einem Löffel den Zwiebel-Kohl-Mix darauf verteilen. Danach ein Stück gerösteten Spitzkohl darauf platzieren und abschließend mit zerlassener Butter aus der Form beträufeln.

IN NORD- UND SÜDAMERIKA WIRD KOHL SEIT JAHRHUNDERTEN ANGEBAUT. HIER FINDEN WIR IHN OFT ALS BEILAGE, ZUM BEISPIEL IN FORM DES FAVORITEN COLESLAW.

WESTEN

Die Geschichte des Coleslaw

Obwohl dieser klassische Salat mit Kohlstreifen in amerikanischen Küchen seit dem Jahr 1770 zubereitet wird, verhalf ihm erst der Einzug der Mayonnaise im 19. Jahrhundert zu seinem Durchbruch.

Coleslaw kommt ursprünglich aus den Niederlanden, wo das Gericht den ähnlich klingenden Namen *koosla* trägt, was »Kohlsalat« bedeutet. Als die Leute aus den Niederlanden emigrierten, hatten sie ihre Esstraditionen im Gepäck und verwendeten Kohl, der entlang des Hudson River angebaut wurde.

Die Spuren des Coleslaw reichen jedoch bis ins antike Rom zurück, wo römische Bürgerinnen und Bürger häufig eine Speise zu sich nahmen, die aus Kohl, Eiern, Essig und Gewürzen bestand.

Heute ist Coleslaw ein Gericht, das bis ins Unermessliche variiert wird und sich gut zum Kombinieren verschiedener Esskulturen eignet. Im Süden der USA finden wir zum Beispiel eine schärfere und süßere Variante des Coleslaw, während Kalifornien eine nach Kräutern duftende, farbenfrohe Variante mit weniger Mayonnaise bietet.

S. S. 202.

Coleslaw

Für 4 Portionen, als Beilage

300 g Weißkohl
100 g Karotten
1 kleine Zwiebel
50 g Mayonnaise
50 g Crème fraîche
1 TL Dijonsenf
2 EL Apfelessig
1 TL Salz
½–1 TL schwarzer Pfeffer aus der Mühle

1. Den Weißkohl in Streifen schneiden, die Karotten schälen und ebenso in Streifen schneiden oder reiben. Die Zwiebel abziehen und fein hacken.

2. In einer großen Schüssel die Mayonnaise, die Crème fraîche, den Dijonsenf, den Apfelessig sowie das Salz und eine Prise Pfeffer mischen.

3. Den Kohl, die Karotten und die Zwiebel hinzufügen. Gründlich mit den Händen vermengen, damit alles reichlich Dressing abbekommt.

4. Den Salat mindestens 1 Stunde im Kühlschrank durchziehen lassen. Dann entwickeln sich die Aromen, und der Kohl wird weicher.

5. Vor dem Servieren umrühren und mit Salz und Pfeffer abschmecken.

Tipp: Coleslaw lässt sich perfekt einen Tag im Voraus vorbereiten.

COLESLAW MIT BIRNE UND BLATTKOHL

Die klassische Coleslaw-Variante bekommt einen hübscheren Cousin mit frischem und süßem Geschmack nach Birne und Kräutern. Variieren Sie ruhig und fügen Sie hinzu, was Sie zu Hause haben. Eine unglaublich leckere Beilage mit vielen Einsatzmöglichkeiten! /Victoria

Für 4 Portionen

5 Blätter Schwarz- oder Grünkohl
300 g Weißkohl
200 g Rotkohl
1 feste Birne
1 kleine rote Zwiebel
100 g Mayonnaise
100 g Crème fraîche
2 ½ EL Apfelessig
1 EL Dijonsenf
2 TL Honig
Salz und schwarzer Pfeffer aus der Mühle
1–2 EL Schnittlauchröllchen, je nach Saison gerne mit Blüten
frische Kräuter zum Garnieren (z. B. Thymian und Petersilie), gehackt

1. Die Schwarz- oder Grünkohlstiele abschneiden, danach alle Kohlsorten in Streifen schneiden. Die Birne entkernen und in dünne Stäbchen schneiden. Die rote Zwiebel abziehen und fein hacken.

2. Die Blattkohlstreifen beiseitelegen und den Weiß- und den Rotkohl sowie die Birne und die rote Zwiebel in einer großen Schüssel mischen.

3. In einer anderen Schüssel für das Dressing die Mayonnaise, die Crème fraîche, den Apfelessig, den Dijonsenf und den Honig verrühren. Mit Salz und Pfeffer würzen.

4. Das Dressing über den Kohlsalat geben und gründlich durchmischen.

5. Mit Salz und Pfeffer abschmecken.

6. Die Schüssel abdecken und mindestens 1 Stunde kaltstellen, gerne auch über Nacht. So verbinden sich die Aromen, und der Kohl wird weicher.

7. Vor dem Servieren die Blattkohlstreifen und die Schnittlauchröllchen unterrühren und mit frischen Kräutern garnieren.

DELI-SANDWICH MIT PICKLEBACK-SHOT

Pickleback bezeichnet eine beliebte Drink-Art, die aus zwei Komponenten besteht: aus einem Shot Whiskey und einem Shot Flüssigkeit von essigsauer eingelegtem Gemüse. Der Drink wurde in amerikanischen Bars erfunden, vermutlich in Brooklyn. Traditionell wird meist Saure-Gurken-Wasser verwendet, er funktioniert aber auch mit der Flüssigkeit von anderen eingelegten Gemüsesorten. /Martin

Für 2 Brote

Für den eingelegten Rotkohl
250 g Rotkohl
200 ml Apfelessig
90 g Zucker
1 TL Salz
1 TL schwarze Pfefferkörner
4 Gewürznelken
1 TL Koriandersamen (optional)
1 getrocknete Chilischote (optional)

in Whiskey eingelegte Senfkörner (s. S. 37)
4 EL Mayonnaise
1 Msp. Salz
2 TL Dijonsenf
3 Radieschen
4 Scheiben Sauerteigbrot
200 g gereifter, cremiger Käse (z. B. Appenzeller)
6 große Salat- oder Blattkohlblätter
300 g Pastrami

1. Für den eingelegten Rotkohl den Kohl in Streifen schneiden und in ein steriles Schraubglas füllen.

2. In einem Topf die restlichen Zutaten für den eingelegten Rotkohl mit 200 ml Wasser zum Kochen bringen. Mindestens 5 Minuten köcheln lassen. Dann die heiße Flüssigkeit über den Rotkohl gießen, dabei darauf achten, dass der gesamte Kohl bedeckt ist.

3. Auf Zimmertemperatur abkühlen lassen und dann in den Kühlschrank stellen. Mindestens 4 Stunden kaltstellen, gerne über Nacht. Im Kühlschrank aufbewahren.

4. 1 EL eingelegte Senfkörner in einem Sieb abtropfen lassen. Mit der Mayonnaise, dem Salz und dem Dijonsenf mischen.

5. Die Radieschen in dünne Scheiben schneiden.

6. Die Hälfte der Brotscheiben mit der Senfmayonnaise bestreichen.

7. Die bestrichenen Hälften mit dem Käse, dem eingelegten Rotkohl, den Radieschen, den Salat- oder Blattkohlblättern und der Pastrami belegen. Die übrigen Brotscheiben auflegen und die Sandwiches halbieren.

IN BUTTER GEBRATENES BROT MIT EINGELEGTEM LILA SPITZKOHL UND ENTENEI

Für 1 Brotscheibe

50 g eingelegter lila Spitzkohl
(s. S. 206; den Rotkohl gegen lila Spitzkohl austauschen)
2 Korianderwurzeln (optional einige Korianderblätter)
½ Schalotte
½ Chilischote
1 EL Butter oder Öl
1 Scheibe Sauerteigbrot
1 Ei
Salzflocken und schwarzer Pfeffer aus der Mühle

1. Den eingelegten Spitzkohl in eine Schüssel legen. Die Korianderwurzeln schälen und die Schalotte abziehen. Beides in dünne Scheiben schneiden. Die Chilischote in feine Ringe schneiden. Zum Spitzkohl in die Schüssel geben, vermengen und 15 Minuten stehen lassen.

2. In einer Pfanne die Butter oder das Öl bei mittlerer Temperatur erhitzen. Das Brot auf beiden Seiten anbraten und anschließend auf einen Servierteller legen.

3. Das Ei in etwas Butter oder Öl braten. Sunny side up.

4. Die geröstete Brotscheibe mit der Spitzkohlmischung und dem Ei belegen. Mit Salzflocken und Pfeffer bestreuen.

TACOS MIT BLATTKOHL, WEISSEN BOHNEN, CHILI UND LIMETTE

Ich persönlich mag die kleineren Taco-Fladen, so kann man mehrere verschiedene Varianten machen. Sowohl der massierte rohe Kohl als auch der gegrillte sind unglaublich lecker auf Tacos! /Victoria

Für 4 Stück

2 grüne Chilischoten oder Jalapeños
150 g gekochte weiße dicke Bohnen (Abtropfgewicht)
½ weiße Zwiebel
1 große Knoblauchzehe
1 Bund Koriander (alternativ Petersilie)
1 EL Olivenöl
Saft und Abrieb von 1 unbehandelten Limette
Salz und schwarzer Pfeffer aus der Mühle

40 g Blattkohl
½ EL Rapsöl

4 kleine Tortilla-Fladen
100 g Mayonnaise
40 g weißer Käse (z. B. Manchego), gerieben

1. Die grünen Chilischoten oder die Jalapeños der Länge nach halbieren. Von den Samen befreien, diese jedoch aufheben, falls nach dem Vermengen der Zutaten mehr Schärfe gewünscht ist.

2. Die Bohnen abseihen und in einem Sieb mit kaltem Wasser abspülen. Gründlich abtropfen lassen.

3. Die Zwiebel und den Knoblauch abziehen und fein hacken. Den Koriander ebenso fein hacken.

4. Die Bohnen in eine Schüssel geben und die Chilischoten oder Jalapeños, die Zwiebel, den Knoblauch, den Koriander und das Olivenöl hinzufügen. Mit dem Limettensaft beträufeln und den Abrieb unterrühren. Mit Salz und Pfeffer würzen und alles vermengen.

5. Die Kohlblätter abwaschen und den Stiel entfernen, wenn es keine zarten Blätter sind. Das Rapsöl mit 1 Msp. Salz verrühren und einmassieren.

6. Den Kohl auf den Tortilla-Fladen verteilen. Mit jeweils einem Klecks Mayonnaise versehen, die Bohnenmischung darauf verteilen und großzügig mit geriebenem Käse bestreuen.

TACOS MIT GEGRILLTEM WIRSING UND MAIS MIT SALSA MACHA

Für 4 Stück

Für die Salsa Macha
3 getrocknete Chipotle-Chilischoten
1 getrocknete Ancho-Chilischote
1 getrocknete Guajillo-Chilischote
4 getrocknete Arbol-Chilischoten
200 ml Rapsöl
35 g + 1 EL Erdnüsse, geröstet
2 EL Sesamsaat, geröstet
4 Knoblauchzehen, fein gehackt
1 EL Apfelessig
1 TL mexikanischer oder gewöhnlicher Oregano
Salz

150 g Kohlkopf (z. B. Wirsing oder Spitzkohl)
1 gekochter Maiskolben
Salz
Öl
4 kleine Tortilla-Fladen
100 g Mayonnaise
frische Korianderblätter zum Garnieren

1. Für die Salsa Macha die Chilistiele entfernen, danach die Chilischoten in der Mitte durchbrechen. Die Samen entfernen und in einer Schüssel sammeln, bei Bedarf können einige davon später zugegeben werden, wenn eine schärfere Salsa gewünscht ist.

2. Die Chilischoten in kleinere Stücke brechen und in einer Pfanne zusammen mit dem Öl, 35 g Erdnüssen, den Sesamsamen und dem Knoblauch bei mittlerer Temperatur erhitzen. 3 Minuten anbraten, bis der Knoblauch beginnt, leicht knusprig zu werden.

3. Vom Herd nehmen und ½ EL Apfelessig sowie Oregano und Salz unterrühren.

4. Die Mischung in einen Mixer umfüllen und über mehrere Intervalle hinweg so lange mixen, bis die Salsa gut durchmischt ist. Nicht zu lange mixen, es soll kein Brei entstehen.

5. Die übrigen Erdnüsse grob hacken und zu der Mischung hinzufügen. Mit Salz abschmecken.

6. Die fertige Salsa in ein steriles Schraubglas füllen, verschließen und im Kühlschrank aufbewahren. Sie hält sich mehrere Wochen.

7. Den Kohl vierteln, dabei den Strunk nicht abschneiden. Den Maiskolben aus der Verpackung nehmen und abtupfen. Beides salzen und mit Öl einpinseln. Bei hoher Temperatur grillen, bis alles eine hübsche, goldbraune Oberfläche hat.

8. Den Kohl in lange Streifen schneiden. Die Maiskörner mit einem Messer vom Kolben lösen.

9. Die Salsa Macha auf den Tortilla-Fladen verstreichen. Den Kohl und den Mais darauf verteilen und mit Mayonnaise und Koriander garnieren.

TACOS MIT BLATTKOHL, GRÜNE-ERBSEN-GUACAMOLE UND EINGELEGTEM ROTKOHL

Für 4 Stück

Für die Grüne-Erbsen-Guacamole
1 kleine Knoblauchzehe
1 grüne Chilischote
½ Bund Koriander (alternativ Petersilie)
250 g grüne Erbsen, aufgetaut
2 EL Limettensaft
½ TL Salzflocken
2 EL Olivenöl

150 g eingelegter Rotkohl (s. S. 206)
40 g Blattkohl
1 Msp. Salz
½ EL Öl
4 kleine Tortilla-Fladen
Blätter von Zitronenverbene, Koriander oder Petersilie zum Garnieren

1. Für die Grüne-Erbsen-Guacamole die Knoblauchzehe abziehen und reiben. Die Chilischote der Länge nach halbieren und von den Samen befreien. Chili und Koriander fein hacken.

2. Alle Zutaten für die Erbsen-Guacamole in einen Mixer geben und in Intervallen zu einer stü ckigen Mischung verarbeiten.

3. Den eingelegten Rotkohl in einem Sieb abtropfen lassen.

4. Den Blattkohl abwaschen und den Stiel entfernen. Das Salz und das Öl in den Kohl einmassieren und die Blätter auf den Tortilla-Fladen verteilen.

5. Mit Erbsen-Guacamole, eingelegtem Rotkohl und Kräutern belegt servieren.

CHOW-CHOW

Ein Klassiker aus dem Süden der USA. Mit seinem süß-säuerlichen und durchdringenden Geschmack liefert er den perfekten Kontrast und die perfekte Textur für gegrillte und frittierte Gerichte. Wenn ich die Kohlkopfblätter schon für eine andere Speise verwendet habe, der innere Teil des Kohls aber noch übrig ist, mache ich daraus häufig diese Art von eingelegter Beilage. Vor allem natürlich, weil sie so schön ist, aber auch, weil die Struktur des Kohlherzens durch das Einlegen wirklich zur Geltung kommt. /Martin

Für 4 Portionen, als Beilage

200 g junge Kohlherzen
2 grüne Tomaten
2 Zwiebeln
3–4 Jalapeños
200 ml Tafelessig (10 %)
135 g Zucker
1 EL Senfkörner
1 TL Selleriesamen
1 EL Kurkuma
1 EL gemahlener Ingwer
1 TL gemahlener Zimt
1 TL gemahlene Gewürznelken
200 g gekochte Lima-Bohnen (Abtropfgewicht)
Salz

1. Den Kohl, die Tomaten, die Zwiebeln und die Jalapeños in gleich große Stücke schneiden.

2. In einem großen Topf den Essig mit 200 ml Wasser, dem Zucker, den Senfkörnen, den Selleriesamen, dem Kurkuma, dem Ingwer, dem Zimt und den Gewürznelken mischen. Bei mittlerer Temperatur aufkochen lassen und umrühren, bis sich der Zucker auflöst.

3. Das Gemüse und die Bohnen in den Topf geben und mit Salz abschmecken. Sorgfältig umrühren, sodass alles mit Flüssigkeit bedeckt ist.

4. Die Temperatur reduzieren und das *Chow-chow* 15–20 Minuten köcheln lassen, bis das Gemüse schön durchgegart, jedoch noch bissfest ist.

5. Den Topf vom Herd nehmen und das *Chow-chow* auf Zimmertemperatur abkühlen lassen.

6. Wenn die Mischung komplett abgekühlt ist, in gründlich gereinigte und sterile Schraubgläser umfüllen. Darauf achten, dass die Gläser komplett mit der Salsa-Flüssigkeit gefüllt sind und gut verschlossen werden.

7. Das *Chow-chow* mindestens 1 Woche kaltstellen, bevor es verwendet wird. So kann es durchziehen, und die Aromen können sich entwickeln.

CURTIDO MIT FRITTIERTEM MAIS UND KORIANDERMAYONNAISE

Curtido ist ein traditioneller Kohlsalat aus El Salvador, der säuerlich und würzig schmeckt. Unschlagbar lecker zu dem süß-salzigen frittierten Mais und der cremigen Koriandermayonnaise. /Martin

Für 4 Portionen, als Vorspeise

1 großer Weißkohlkopf (500 g)
2 Karotten
2 Frühlingszwiebeln
1 Jalapeño
1 Chilischote
100 ml Apfelessig
2 EL Zucker
1 TL Salz
1 TL gemahlener Kreuzkümmel
½ TL getrockneter Oregano
1 Msp. Cayennepfeffer

Für die Koriandermayonnaise
100 ml Rapsöl
Frühlingszwiebelgrün
1 Handvoll frischer Koriander
400 g Mayonnaise

Für den frittierten Mais
Öl zum Frittieren
3 ganze Maiskolben
Salz
1 Frühlingszwiebel
Piment d'Espelette
(alternativ ein anderes, milderes Chiligewürz)

1. Den Weißkohl in Streifen schneiden und die Karotten reiben. Das Grün der Frühlingszwiebeln abschneiden und beiseitelegen. Das Weiß der Frühlingszwiebeln, den Jalapeño und die Chilischote in feine Ringe schneiden.

2. Den Apfelessig mit 60 ml Wasser, dem Zucker, dem Salz, dem Kreuzkümmel, dem Oregano und dem Cayennepfeffer mischen. Aufkochen lassen und rühren, bis sich der Zucker und das Salz komplett aufgelöst haben. Den Topf vom Herd nehmen und die Mischung etwas abkühlen lassen.

3. Den Weißkohl, die Karotten, das Weiß der Frühlingszwiebeln, die Chilischote und den Jalapeño in eine große Schüssel geben. Vermengen.

4. Den abgekühlten Essigsud über die Weißkohl-Mischung gießen. Gut vermischen, sodass alles von der Flüssigkeit bedeckt ist.

5. Die Schüssel mit Frischhaltefolie oder einem Deckel verschließen und den Curtido mindestens 2 Stunden – am besten über Nacht – im Kühlschrank marinieren.

6. Für die Koriandermayonnaise das Öl bei mittlerer Temperatur in einem Topf erhitzen. Das Frühlingszwiebelgrün darin 8–10 Minuten garen, bis es weich ist. 1 Minute vor Ende der Garzeit den Koriander hinzufügen. Alles in einen Mixer umfüllen. Glatt mixen, dann in eine Schüssel füllen und abkühlen lassen. Die Mayonnaise hinzufügen und gut umrühren, damit sich alles vermischt.

7. Für den frittierten Mais in einem großen Topf oder einer Fritteuse das Öl erhitzen. Die Temperatur des Öls sollte zwischen 180 und 190 °C liegen.

8. Lange, breite Streifen vom Mais abschneiden.

9. Den Mais vorsichtig in das heiße Öl legen und 3–4 Minuten frittieren, bis er goldbraun und knusprig ist. Mit einem Schaumlöffel oder einer Zange aus dem Öl nehmen und auf Küchenpapier abtropfen lassen. Salzen.

10. Die Frühlingszwiebel in Ringe schneiden.

11. Den frittierten Mais mit den Frühlingszwiebelringen und dem Piment d'Espelette bestreuen. Mit der Koriandermayonnaise und dem Curtido servieren.

FRITTIERTE FLOWER SPROUTS UND ROSENKOHL MIT KONFIERTER KNOBLAUCHMAYONNAISE

Im Ernst: Dieses hier gehört zu den leckersten Gerichten, die ich kenne! /Victoria

Für 4 Portionen, als Vorspeise oder Fingerfood

Für die konfierte Knoblauchmayonnaise
1 Knolle Knoblauch
200 ml Rapsöl zum Konfieren
1 Ei (zimmerwarm)
1 TL Dijonsenf (zimmerwarm)
1 EL Weißweinessig (zimmerwarm)
150 ml Rapsöl (zimmerwarm)
Salz und schwarzer Pfeffer aus der Mühle

300 g Flower Sprouts (Kalettes)
300 g Rosenkohl
2 Schalotten
1 l Öl zum Frittieren
8 Chilischoten
Saft von 1 Limette
Salz und schwarzer Pfeffer aus der Mühle

1. Für die Knoblauchmayonnaise die Knoblauchknolle horizontal durchschneiden.

2. In einem kleinen Topf mit dickem Boden 200 ml Rapsöl auf 95–100 °C erhitzen. Die Knoblauchhälften vorsichtig mit der Schnittfläche nach unten hineinlegen. Darauf achten, dass der Knoblauch mit Öl bedeckt ist. Sollte das nicht der Fall sein, mehr Öl zugießen.

3. Mit einem Deckel oder Alufolie abdecken und 30–40 Minuten konfieren, bis der Knoblauch weich und goldbraun ist.

4. Dann den Knoblauch mit einem Schaumlöffel entnehmen.

5. Die Knoblauchzehen aus der Schale lösen und in einer Schüssel mit der Gabel zu einer geschmeidigen Paste zerdrücken.

6. Das Ei, den Dijonsenf und den Essig hinzufügen und alles mit dem Schneebesen zu einer glatten Masse verrühren.

7. Die Schüssel auf einen feuchten Lappen stellen, damit sie beim Verquirlen nicht verrutscht. Das zimmerwarme Rapsöl (150 ml) erst tröpfchenweise, dann in einem dünnen Strahl zugießen. Dabei konstant weiterschlagen, damit die Mayonnaise andickt. So lange schlagen, bis sie richtig cremig ist.

8. Mit Salz und Pfeffer abschmecken.

9. Die Flower Sprouts und den Rosenkohl von eventuellen losen oder beschädigten Blättern befreien. Bei Bedarf größere Rosenkohlröschen halbieren, um gleich große Stücke zu erhalten. Die Schalotten abziehen und in dünne Scheiben schneiden.

10. Den Rosenkohl in gesalzenem Wasser 3 Minuten blanchieren. In ein Sieb abseihen und auf Küchenpapier oder einem sauberen Handtuch ausdampfen und abkühlen lassen.

11. Den Rosenkohlstrunk jeweils mit einem Messer ½ cm tief kreuzförmig einschneiden.

12. In einem großen Topf oder einer Fritteuse das Öl erhitzen, bis die Temperatur 180 °C erreicht hat. Einen Deckel bereithalten, falls das Öl zu heiß wird und Feuer fängt.

13. Die Chilischoten einige Minuten frittieren, bis sie Farbe bekommen. Mit einem Schaumlöffel entnehmen und auf einigen Schichten Küchenpapier abtropfen lassen.

14. Dann den Rosenkohl und danach die Flower Sprouts in mehreren Durchgängen jeweils 2–3 Minuten frittieren, bis sie goldbraun und knusprig sind. Ebenfalls auf Küchenpapier gut abtropfen lassen und umgehend salzen.

15. Zuletzt die Schalottenringe frittieren. Aufmerksam sein: Sie sind schnell fertig. Auf Küchenpapier abtropfen lassen und salzen.

16. Auf einem Servierteller den frittierten Kohl zusammen mit den Chilischoten und den Zwiebeln anrichten. Mit Limettensaft beträufeln und mit Salz und Pfeffer abschmecken.

17. Noch heiß mit der konfierten Knoblauchmayonnaise servieren.

Danke

an den Bookmark-Verlag, dass ihr euch uns und diesem Kohlkochbuchprojekt angenommen habt.
An Louise Eriksson, unsere Verlegerin, die während des gesamten Projekts den Kompass nicht aus den Augen verloren hat.
An Frida Påhlsson, unsere Redakteurin, die uns den ganzen Weg über bis zur Ziellinie unterstützt hat.
An Kala Sung, die »Kimchi Queen«, für eine unvergessliche Zeit beim Kochen und die Direktverbindung nach Korea.
An Dong Lu, Kåseberga-Landbau, für deinen schönen Kohlhof und all die Inspiration.
An Viktor Habbe, den besten Freund in der Küche.
An Karin Ahlgren von Open Studio, dafür, dass du das Buch in Form gegossen hast.
An Ylva Krantz von Open Studio für die Form und das Original.
An Peter Herrmann und Kelly Lansman von Open Studio für die Illustrationen und vermutlich noch mehr.
An Jenny Grip, unsere Retuscheurin, die die Bilder optimiert und unnötigen Kram rausgenommen hat.
An Daniel von Malmborg für all die Unterstützung im Hinblick auf Fotos, für die Autoren- und Autorinnenportraits und das gemütliche Abhängen.
An Håkan Elofsson dafür, dass du so viel verkostet hast, und für das abschließende Autorinnen- und Autorenporträt.
An Henrik Ennart mit deinem Gefühl für Mikroben und andere coole Sachen, die mit Kohl zu tun haben.
An Johan Widing vom Bokeslund-Hof, für all das schöne Grün, all das Fachwissen und nicht zuletzt für den Säfstaholm-Kohl.
An Zorica Pendek für die Balkan-Inspiration und das Rezept für die säuerlichen Kohlrouladen.
An Jenny »Sauertante« Neikell dafür, dass du dein Fermentationswissen so nett teilst.
An Matti Wiking Leino für die unglaubliche Reise durch die Geschichte des Kohls.
An Richard Hallberg dafür, dass du unseren gemeinsamen Tag so schön in deinem Text eingefangen hast.
An Karolina Ramqvist für den wichtigsten und pfiffigsten Essay.
An Andrea von Skarp für wertvolle Gespräche.
An Tove Nilsson für all die Inspiration.
An Hammenhög für das hübsche Licht und dafür, dass Pelles Garten so gut gedeiht.

Und an alle Familien sowie Freundinnen und Freunde, die sich um uns gekümmert haben.

/Pelle, Victoria und Martin

9.47